LE PRÉDATEUR DES BLOGS

BRIGADE MONDAINE : Je souhaite recevoir :

– le catalogue général

– les volumes cochés ci-dessous au prix de 5,80 € l'unité, soit :
N°..
....livres à 5,80 , = €
+ frais de port = €
(1 vol. : 1,25 €, 1 à 3 vol. : 3,50 €, 4 vol et plus : 5 €)
TOTAL......... ...(ajouter à TOTAL abonnements)....... ..... =...............€

13 LA CROISIÈRE INTERDITE
14 LE HAREM DE MARRAKECH
15 LA MAISON DES MAUDITES
16 LA PERMISSION DE MINUIT
17 LES CAPRICES DE VANESSA
18 LA VIPÈRE DES CARAÏBES
19 LE VOYOU DE MONTPARNASSE
20 LES FILLES DE MONSEIGNEUR
21 LA NUIT ARABE DE MONACO
22 LA FERMIÈRE DU VICOMTE
23 LA PUNITION DE L'AMBASSADEUR
24 LA SECTE DES AMAZONES
25 LES SIRÈNES DE L'AUTOROUTE
26 LE BOUDDHA VIVANT
27 LA PLANCHETTE BULGARE
28 LE PRISONNIER DE BEAUBOURG
29 LES ESCLAVES DE LA NUIT
30 LES POUPÉES CHINOISES
31 LES SACRIFIÉS DU SOLEIL
32 L'EXÉCUTRICE
33 LA PRÊTRESSE DU PHARAON
35 LES FANATIQUES DE LA VIDÉO
37 SOSIES SUR MESURE
212 L'ENLÈVEMENT DES SABINES
213 LA NUIT DU TOP MODEL
214 LA MADONE DES CHANTIERS
215 LES SERVANTES D'APHRODITE
217 LA DOUBLE VIE DU PATRON
218 LA FORTERESSE DES VOLUPTÉS
219 L'ALCHIMISTE DU DÉSIR
220 LES TROPHÉES DU GUERRIER
221 LES VEUVES NOIRES DU GOLF
222 LE SWING DE LA COMTESSE NOIRE
223 LA JUSTICIÈRE DE STRASBOURG
224 LES COULISSES DU POUVOIR
225 LA MUSE DU PEINTRE FOU
226 LE FANTASME DU MANNEQUIN
227 LA FÉE DES SANS-LOGIS
228 LA THALASSO DU PLAISIR
229 LE PURGATOIRE DES ANGES DÉCHUS
230 LES GLADIATEURS DE MESSALINE
231 SOURICIÈRE POUR UNE CALL-GIRL
232 L'AUTOROUTE DU CYBERSEXE
233 PIÈGE À FILLES AU MONT VENTOUX
234 LE FANTASME DU VIOLONCELLE
235 HÔTESSE SPÉCIALE POUR JET PRIVÉ
236 LE MAUVAIS ANGE DE SYDNEY
237 LA FAUSSE PISTE DE COURCHEVEL
238 LA VIERGE GOTHIQUE
239 LE CLUB DES ÉNARQUES
240 LES PENSIONNAIRES DU PARADIS
241 L'ÉQUIPÉE SAUVAGE
242 FILLES PERDUES EN ALASKA
243 LA PRINCESSE DU NÉANDERTHAL
244 LE JEU DU CÉLIBATAIRE
245 LA SPÉCIALITÉ DU CHEF
246 LES VOYEURS DU WEB
248 LA REINE DES DOMINATRICES
249 LA CLINIQUE DU PRINCE CHARMANT
250 LA PREMIÈRE DE LA CLASSE
252 LES PILULES D'AMOUR
253 JUMEAUX ET JUMELLES
255 DRESSEES ET REBELLES
256 LE DÉSHONNEUR DU JUGE
258 LE FANTASME DU BALLON OVALE
259 LES JEUX DU DIVIN MARQUIS
260 LA STAR DU X
262 LES FLAMMES DE L'AMOUR
263 LA ROSIÈRE DE BAGATELLE
264 LE LION DE VENISE
265 LA VENGEANCE DE L'INFIRME
267 POLONAISE SUR CHARBONS ARDENTS
268 LA GAZELLE AU PIEGE
269 AU BONHEUR DES HOMMES
270 LE CHEMIN DES ECOLIERES
271 LE PREDATEUR DE LA HAUTE BANQUE
272 PRINCESSE VAUDOU
274 L'AMANT DE GLACE
275 TRAQUENARD POUR FEMMES SEULES
276 LE VICE DANS LA PUB
277 LES COMBATTANTES DU RING
278 FANTASMES AU MUSÉE
279 LE MAÎTRE DES PLIEUX
280 DANS LA MAIN D'EROS
281 LE PRÉDATEUR DES BLOGS

Les dossiers Brigade Mondaine de cette collection sont fondés sur des éléments absolument authentiques. Toutefois, pour les révéler au public, nous avons dû modifier les notions de temps et de lieu ainsi que les noms des personnages.

Par conséquent, toute ressemblance avec des personnes existantes ou ayant existé serait totalement involontaire et ne relèverait que du hasard...

ISBN : 978-2-7443-1329-5

MICHEL BRICE

BRIGADE MONDAINE

LE PRÉDATEUR DES BLOGS

VAUVENARGUES

Chapitre premier

En premier, il y eut l'obscurité. Ouvrant péniblement les yeux, au moment où elle reprenait vaguement conscience, Emmanuelle Le Grais fut envahie par l'affreuse certitude qu'elle était devenue aveugle. Irrémédiablement. Mais, assez rapidement, les battements de son cœur se ralentirent et la sensation de panique qui l'avait envahie reflua. Sans trop savoir comment, la jeune femme venait de prendre conscience qu'elle se trouvait en fait dans une pièce totalement hermétique et dépourvue de la moindre fenêtre.

Ensuite, vint la sensation de froid. Un petit froid humide qui mordait sa peau entièrement nue. Et qui, malgré elle, faisait saillir les bourgeons tendres et roses de sa petite poitrine, ferme et juvénile.

Machinalement, pour se réchauffer, activer la circulation de son sang dans son corps engourdi, elle voulut remuer les bras et les jambes, pour combattre l'ankylose douloureuse qui envahissait son corps gracile.

Ce lui fut rigoureusement impossible.

En raison des fines cordes qui l'entravaient, aussi étroitement qu'il était possible sans couper totalement la circulation du sang dans les artères.

Petit à petit, à mesure que les secondes passaient, dans un silence si total qu'il bourdonnait sourdement à ses tympans, Emmanuelle reprenait conscience des réalités, ou du moins de quelques-unes d'entre elles.

La jeune femme blonde put ainsi constater, mais sans parvenir à le voir, qu'elle était ligotée à une sorte de chevalet de bois lisse, très bas. Qu'elle se trouvait de ce fait à genoux, sur un sol rugueux et humide, les cuisses écartées, et les bras attachés si loin derrière son dos que cela l'obligeait à se tenir constamment cambrée.

Depuis combien de temps était-elle là ? Et, d'abord, où était-elle ? Dans quel genre de *caveau* – c'est le mot qui vint à l'esprit d'Emmanuelle Le Grais, à cet instant. Elle n'en savait rien. Il régnait dans son esprit une sorte de brouillard cotonneux, vaguement menaçant.

D'ailleurs, malgré les efforts désespérés qu'elle faisait pour y parvenir, Emmanuelle Le Grais n'était même plus capable de se souvenir des circonstances qui avaient pu la conduire ici, dans cet endroit privé de toute lumière.

En fait, cette pièce ressemblait à son esprit, de ce point de vue : les ténèbres y régnaient sans partage.

Il y avait comme une sorte de « blanc », dans la mémoire d'Emmanuelle. Un grand trou nébuleux dans lequel ses souvenirs venaient se perdre et se dissoudre inexorablement. Ses souvenirs proches, en tout cas.

Car, pour le reste, tout fonctionnait normalement, en apparence. Elle se souvenait de son nom, qu'elle avait 23 ans mais en paraissait facilement quatre ou cinq de moins, en raison de sa blondeur, de la finesse de ses traits et de sa silhouette, et de son côté « jeune fille sage ». Elle savait qu'elle était étudiante en histoire, qu'elle vivait avec ses parents et sa sœur cadette, Daphné, dans le grand appartement où elle était née, en bordure du parc Monceau.

Elle se souvenait très bien aussi que, quelques mois plus tôt, elle s'était ouvert un site internet personnel, ce qu'on appelle un « blog », et qu'elle y passait beaucoup de son temps libre, écrivant un message par jour, répondant aux divers commentaires de ses visiteurs, allant lire leurs blogs lorsqu'ils en possédaient un, c'est-à-dire presque toujours, et y laissant à son tour des commentaires.

Bref, Emmanuelle avait clairement conscience d'être devenue, en moins d'une demi-année, une accro de la « blogosphère », comme avaient coutume de dire les blogueurs entre eux. Pour se conformer à ce qui semblait être une loi d'airain, Emmanuelle s'était inventé un pseudo de blog et était devenue « Barbiscotte », nom choisi en souvenir de sa passion enfantine pour les poupées Barbie et de son goût, jamais démenti, lui, pour les biscottes beurrées et généreusement confiturées…

Mais, pour la suite, pour ce qui s'était passé dans les heures précédant sa perte de conscience, pas moyen de se rappeler quoi que ce soit.

Le dernier souvenir qu'Emmanuelle Le Grais parvint à reconstituer plus ou moins, c'est qu'elle était sortie de chez elle, en fin d'après-midi, pour se rendre à un rendez-vous auquel elle tenait beaucoup.

Mais avec qui avait-elle rendez-vous ? Et pourquoi y tenait-elle tant que ça ?

Mystère…

Emmanuelle en était à ce point de ses réflexions, lorsqu'une sensation purement physique s'imposa à son esprit, détournant le cours de ses pensées.

Elle mourait de soif et de faim.

Du coup, Emmanuelle se dit qu'elle ne devait pas être là depuis des jours et des jours, sinon elle serait totalement déshydratée. Sans doute depuis quelques heures, à la rigueur une journée entière, mais sans doute pas davantage.

Cette double sensation de soif et de faim provoqua un nouvel afflux de panique en elle. Et si elle était à la merci d'un fou ? Un désaxé décidé à la laisser lentement mourir dans la plus complète obscurité ? Non, ça n'avait pas de sens ! Pourquoi faire un truc pareil ?

D'un autre côté, dans ce qu'elle était en train de vivre, rien n'avait de sens, alors…

Soudain, Emmanuelle sursauta violemment, lorsque ses oreilles perçurent le cliquetis sec d'un verrou, juste dans son dos. De nouveau, avec l'instinct de l'animal traqué, elle rua dans ses liens, provoquant des vrilles de douleur dans ses quatre membres et au creux de ses reins cambrés.

Dans son dos, la porte s'ouvrit avec un léger grincement métallique. Dans la seconde suivante, le « caveau » fut violemment éclairé par l'ampoule nue qui tombait du plafond et qui venait d'être allumée par l'arrivant.

Emmanuelle eut l'impression que deux lames de poignard effilées lui transperçaient les yeux et elle ferma précipitamment les paupières, avec un petit gémissement de douleur.

Mais, à la même seconde, comme si l'ampoule du plafond avait communiqué sa lumière à son cerveau, la mémoire lui revint. Sous la forme d'une expression, *a priori* étrange, qui se forma toute seule dans son esprit.

Dans mon sac !

Oui, c'est ça ! C'était bien lui qui venait d'ouvrir la porte dans son dos et abaisser l'interrupteur, ça ne pouvait pas être autrement ! Car c'est bel et bien avec lui qu'Emmanuelle avait ce rendez-vous qui l'excitait tant.

Lui, Guillaume Tourain. Dont le blog s'intitulait « Dans mon sac ! ».

Il avait été le tout premier à déposer un commentaire chez Emmanuelle, lorsqu'elle avait ouvert son blog. Elle se souvenait encore de son contenu :

Bienvenue dans la blogosphère, Barbiscotte ! Sans vouloir me montrer désagréable dès ton arrivée, tu es certaine que les lettres roses sur fond bleu ciel, ce soit l'idéal pour les yeux de tes lecteurs ? Ça fait quand même un peu trop « blog-de-fille », non ? J

Emmanuelle lui avait répondu, du tac au tac :

Mais je suis une fille, et très contente de l'être. Ça vous pose un vrai problème ou pas du tout ?

Depuis, ils n'avaient plus cessé de correspondre, de se parler par l'intermédiaire de leurs blogs respectifs. Emmanuelle, au fil des semaines, se sentait de plus en plus attirée par ce garçon qui disait avoir 28 ans – même s'il refusait de mettre une photo de lui sur la page d'accueil de son blog, comme d'autres blogueurs le faisaient.

« Il faut laisser sa part au mystère », avait-il répondu lorsque « Barbiscotte » lui en avait demandé la raison.

En revanche, dès leurs premiers échanges, il lui avait expliqué pourquoi il avait baptisé son blog de ce nom étrange : *Dans mon sac !*

– Je m'appelle Guillaume Tourain, lui avait-il écrit, en « commentaire », chez elle. Tourain à l'envers, ça fait *ain tour*, d'où « Un tour ». Donc… j'ai plus d'un tour dans mon sac. Voilà ! C'est con, hein ?

Mais Emmanuelle-Barbiscotte n'avait pas trouvé ça idiot du tout. D'ailleurs elle ne trouvait rien d'idiot, chez Guillaume. Ses messages étaient presque toujours drôles, originaux, parfois d'une belle gravité, souvent inattendus… bref, séduisants.

Et Barbiscotte s'était laissé séduire, sans même s'en apercevoir. Plus les semaines passaient et plus elle trouvait que, décidément, Guillaume était vraiment un beau prénom…

Environ un mois plus tôt, ils avaient franchi une étape supplémentaire. Délaissant les échanges sur leurs blogs respectifs, où chacun pouvait lire et même commenter ce qu'ils se disaient, Emmanuelle et Guillaume s'étaient mis à s'écrire par mails. Du coup, leurs rapports étaient devenus beaucoup plus intimes.

Et, quand Guillaume avait commencé à lui envoyer des messages de plus en plus « osés », Emmanuelle ne l'avait pas découragé de continuer…

Lorsque, quelques jours plus tôt, il lui avait finalement proposé de l'inviter à dîner, elle avait demandé douze heures de réflexion pour le principe, mais en sachant qu'elle allait dire oui, de toute façon.

Le lendemain matin, leur échange de mails avait pris une bonne partie de la matinée.

– Bon, j'accepte l'invitation, c'est OK pour un dîner. On se fait ça quand ?

– Ce soir ?

– Non, ce soir, je peux pas. Demain ?

– Tout à vos ordres, Barbiscotte !

– J'espère bien ! J On se retrouve où et à quelle heure ?

C'est là que leur conversation électronique avait pris un tour un peu surprenant, pour Emmanuelle, légèrement déconcertée par la réponse de Guillaume à sa dernière question :

– Tu connais la rue Watt, dans le 13ème ?

– Euh... non. Mais c'est à l'autre bout du monde, ça !

– Oui, mais ça vaut le coup d'œil. C'est très poétique comme endroit. Raymond Queneau l'adorait et Boris Vian en a même fait une chanson.

– Ah ? Bon, va pour la rue Watt alors... À quelle heure ?

– Six heures, ça te va ? On aura le temps de se balader un peu, comme ça... Trouve-toi à six heures sous le deuxième pont de chemin de fer, trottoir de droite en venant de la rue de Patay : j'arriverai dans mon carrosse attelé, tel un prince charmant de légende. J

– OK, @ +

Le lendemain, Emmanuelle avait trouvé que le côté poétique de la rue Watt n'était pas aussi évident que cela – ou, en tout cas, lui échappait largement. Pour tout dire, elle avait trouvé totalement sinistre cette artère longiligne et déserte, presque vide de maisons, en grande partie recouverte par les voies de chemins de fer arrivant à la gare d'Austerlitz toute proche.

En plus, à l'entrée de la rue, un petit chien tout moche était venu droit sur elle pour la renifler, et elle avait les chiens en horreur, depuis toujours.

Le maître de l'animal, un vieil homme très courtois, vêtu d'un costume gris quelque peu défraîchi, avait eu beau lui assurer qu'elle n'avait rien à craindre, elle avait quand même préféré s'éloigner rapidement du « molosse ».

Non, décidément, la rue Watt, ce n'était vraiment pas son truc, à Emmanuelle...

Heureusement, elle n'était pas sous le pont de chemin de fer depuis trente secondes que, déjà, une petite voiture gris métallisé s'arrêtait à sa hauteur.

Comme si le conducteur était arrivé en avance et avait guetté son arrivée.

Emmanuelle ouvrit la portière côté passager, s'engouffra dans la voiture et se tourna vers Guillaume.

Elle parvint à ne pas montrer sa déception en découvrant celui avec qui elle correspondait depuis maintenant plusieurs mois. Elle réussit même à sourire.

L'homme qui se trouvait au volant, et lui offrait un vague sourire plutôt crispé, n'avait rien du « super beau mec » qu'elle avait fantasmé depuis qu'elle était en relation « blogueuse » avec Guillaume.

D'abord, il paraissait plus vieux que les 28 ans annoncés. Ensuite, il n'était pas beau. Le pire, c'est qu'il n'était pas laid non plus.

Il n'était rien. Fade. Transparent. Un physique totalement insignifiant. Ses cheveux plutôt clairsemés oscillaient entre le blond et le châtain sans parvenir à se décider. Ses traits étaient quelconques, un peu mous, sans formes définies. Ses yeux sans couleur particulière. Il n'était ni gros ni maigre, ne paraissait ni grand ni petit, ni frêle ni musclé.

Le terne dans toute son absence de splendeur.

Avant qu'Emmanuelle ait trouvé quoi que ce soit à dire, elle avait vu Guillaume se pencher brusquement vers elle. Supposant qu'il voulait l'embrasser d'entrée de jeu, elle s'était reculée et tassée contre la portière.

Mais, à sa grande surprise, ce n'est pas la bouche de

Guillaume qui était entrée en contact avec la sienne, mais la paume de sa main. Ensuite…

Ensuite, plus rien. Le trou noir dont elle venait tout juste de sortir. Elle en déduisit qu'il avait dû la droguer d'une manière ou d'une autre, ce qui expliquerait le coup de la main plaquée sur sa bouche. Elle avait dû inhaler une saloperie quelconque, genre produit anesthésiant…

Emmanuelle Le Grais se jura solennellement que plus jamais elle n'accepterait de rencontrer un blogueur, quand elle serait sortie d'ici.

Si elle avait la chance de sortir d'ici, mais c'est un aspect des choses qu'elle préférait ne pas trop évoquer, de peur de se mettre à hurler de terreur.

Dans son dos, Guillaume resta un long moment immobile à la regarder, alors qu'elle ne pouvait pas le voir. Elle s'efforçait de rester immobile elle aussi, et silencieuse. Elle voulait que ce soit lui qui parle en premier : sans trop savoir pourquoi, ça lui semblait important.

De fait, au bout d'un temps qui lui parut infernalement long, Emmanuelle entendit le raclement lourd des semelles de son geôlier sur le sol rugueux résonner à ses oreilles comme une menace. De plus en plus précise et proche.

Tout en sachant que c'était inutile, elle ne put s'empêcher de ruer dans ses liens lorsque les petits doigts boudinés et fébriles se refermèrent sur les mamelons de ses petits seins, durcis par le froid, et les pincèrent sans douceur, lui arrachant un bref gémissement de souffrance.

– Alors, ma belle ? fit alors la voix un peu trop fluette, dans son dos. On est contente de rencontrer enfin son cher Guillaume ? Depuis le temps que tu attendais ça, pas vrai ? Eh bien ! on va avoir tout le temps de faire connaissance pour de bon, à partir de maintenant !

Tout le corps d'Emmanuelle se mit à trembler et fut pris de frissons incontrôlables. Mais, cette fois, ce n'était plus à cause du froid piquant sur sa peau nue.

C'était la peur.

Une peur viscérale, insurmontable, provoquée par les quelques paroles que venait de prononcer Guillaume, d'un ton doucereux, terrifiant.

Car la jeune femme enchaînée avait brutalement compris qu'elle était à la merci d'un authentique malade, qui n'avait pas l'air décidé à la laisser s'en aller.

Les petites mains à la paume moite et tiède continuaient de palper ses seins élastiques et ronds, titillant leurs pointes rose tendre, de plus en plus proéminentes.

Emmanuelle eut soudain envie de hurler, mais elle retint de justesse le cri qui lui montait aux lèvres. Elle ne savait pas quelle serait la réaction de Guillaume face à un cri, elle pouvait aussi bien être très violente.

La main gauche de son kidnappeur quitta son sein et

descendit le long de son ventre douloureusement arqué, pour aller s'enfouir entre ses cuisses fines, dans l'or de la légère et mousseuse toison, impeccablement taillée, qui ombrait délicatement son intimité.

Instinctivement, Emmanuelle voulut refermer les cuisses. Mais elle ne put les bouger de plus de quelques millimètres. Impuissante, offerte comme un animal au couteau du sacrificateur, elle dut laisser les petits doigts courtauds prendre brutalement possession du plus secret d'elle-même. En se mordant la lèvre inférieure pour ne pas hurler, à la fois de peur et de dégoût.

Car Guillaume la dégoûtait. Viscéralement. Le simple contact de sa peau sur la sienne la faisait frémir d'écœurement, se sentir sale, souillée. Elle n'arrivait même plus comprendre comment elle avait pu ne serait-ce qu'échanger des phrases avec lui, par l'intermédiaire de leurs blogs.

Et puis, il y avait son odeur. Un fort relent de transpiration aigre et de tabac froid qui lui mettait le cœur au bord des lèvres. Pourtant, elle savait que le pire était probablement à venir : il était peu probable que Guillaume ait fait tout ça juste pour lui peloter les seins…

Soudain, les mains qui la tripotaient abandonnèrent son corps, et Emmanuelle ne put retenir le soupir de soulagement qui montait de sa poitrine et franchit ses lèvres.

– Tu as tort de te réjouir, petite Barbiscotte ! ricana Guillaume dans son dos. Ne crois pas que tu vas t'en tirer à si bon compte ! Attends un peu…

Son geôlier fit rapidement le tour de son corps enchaîné et vint se plaquer entre ses cuisses ouvertes, en surplomb de son corps arqué vers l'arrière, de façon à ce que son sexe soit juste en face de la bouche de sa prisonnière.

Comprenant très bien ce qu'il allait exiger d'elle, Emmanuelle serra l'une contre l'autre ses lèvres joliment ourlées et naturellement rouges.

Au moment où elle faisait cela, son instinct lui souffla qu'elle n'aurait pas dû. Que cela allait être interprété par son bourreau comme un mouvement de rébellion, un défi.

Effectivement, avant qu'elle ait eu le temps de desserrer les lèvres, Guillaume Tourain la gifla à toute volée, à gauche d'abord, puis à droite. Emmanuelle poussa un cri de douleur, qui s'étrangla dans sa gorge en une sorte de sanglot pitoyable. Ensuite, domptée par la terreur qui l'avait envahie, presque résignée, elle desserra les lèvres et ferma les yeux.

– Espèce de petite putain ! glapit Guillaume Tourain de sa voix aiguë. Qui es-tu pour me résister ? Tu n'es plus rien ! Depuis que tu es arrivée ici, tu n'es qu'une esclave totalement en mon pouvoir ! Tu n'existes plus qu'en fonction de mes désirs, sache-le ! Et, pour l'instant, mon désir, c'est ta bouche qu'il concerne.

Alors…

Tous les sens comme aiguisés par la peur qui la tenaillait, Emmanuelle entendit nettement le bruit caractéristique d'une fermeture à glissière que l'on descendait rapidement. Puis, un froissement d'étoffe, le glissement léger d'un vêtement sur une peau nue…

– Garde les yeux fermés, c'est encore plus excitant ! ordonna alors la voix masculine. Et si tu t'avises de les ouvrir, tu sais ce qui t'attend…

Enfin, alors qu'une odeur musquée, animale envahissait les narines d'Emmanuelle, quelque chose de dur et de souple à la fois vint se frotter contre ses lèvres closes. Quelque chose de chaud et de palpitant qu'elle identifia aussitôt : c'était le sexe de Guillaume, qu'il venait d'extraire de son pantalon.

Un sexe noueux et épais, en pleine érection.

Emmanuelle se contraignit à rester rigoureusement immobile et les yeux fermés. Surtout, ne pas tourner la tête à droite ni à gauche : ce pourrait être considéré comme un refus de sa part et lui vaudrait sûrement une nouvelle paire de gifles à assommer un bœuf. Il lui fallait au contraire rester passive, soumise, complaisante, offerte…

– Tu vas me sucer bien gentiment, maintenant, ma belle petite Barbiscotte ! souffla son bourreau, d'une voix à peine audible. Et tâche de t'appliquer, hein ! Sinon…

Le fait qu'il ne précise pas sa menace la rendait

encore plus effrayante, dans l'esprit d'Emmanuelle. Alors, avec une sorte d'empressement fiévreux, elle ouvrit d'elle-même ses lèvres pulpeuses et douces.

Aussitôt, la virilité tendue et épaisse se rua à l'intérieur de sa bouche, manquant l'étouffer. Emmanuelle sentit une panique irrépressible l'envahir, sous l'intrusion de ce pieu de chair noueuse qui vint buter au fond de sa gorge. En respirant bien à fond, elle s'efforça de maîtriser les spasmes de sa poitrine, de détendre tous les muscles de sa bouche, afin d'admettre en elle le membre qui l'asphyxiait.

Et elle y parvint. Rapidement, elle réussit à reprendre une respiration normale. D'autant que le sexe mâle s'était, dans le même temps, retiré d'elle presque entièrement.

Mais ce fut pour replonger jusqu'au fond de sa gorge avec encore plus de vigueur. Cependant que, de nouveau, les mains moites et brutales de Guillaume parcouraient son corps nu et sans défense, en explorant les recoins les plus secrets, les plus délicats.

Afin de chasser la peur qui l'oppressait, et aussi dans l'espoir d'être débarrassée le plus vite possible de cette verge qui pilonnait sa bouche, Emmanuelle se concentra sur l'ignoble caresse que l'on exigeait d'elle.

Enfin, ignoble, cette fellation ne l'était pas *en elle-même*. C'est même une pratique qui procurait à Emmanuelle beaucoup de plaisir, *dans des circonstances normales*. C'est-à-dire avec les garçons qui lui plaisaient, voire dont elle était amoureuse – ceux qu'elle avait choisis, en un mot. C'était notamment le cas avec Sylvain, son dernier cher-et-tendre (comme elle disait) en date, dont elle s'était séparée deux mois plus tôt, Sylvain ayant décidé de partir étudier un an aux États-Unis.

Celui-là, elle ne se lassait pas de prendre son superbe sexe dans sa bouche, de le faire lentement coulisser entre ses lèvres, d'enrouler sa langue autour de la hampe frémissante, à la fois très dure et si douce. Elle adorait lui arracher des gémissements de plaisir, rien que par le travail de ses lèvres et des muscles de ses joues. Mais, ça, c'était avec Sylvain.

Emmanuelle s'efforça de chasser de son esprit ces images d'un temps révolu ; ces images d'avant qu'elle ne bascule dans cet incompréhensible cauchemar.

Elle se concentra sur ce qu'elle faisait, afin d'en finir au plus vite. Faisant de sa langue souple et chaude un véritable fourreau vivant, elle l'enroula autour du gros champignon gonflé qui allait et venait entre ses lèvres, tout en accentuant la pression de ces dernières sur le membre qui l'envahissait. L'effet fut quasi immédiat.

– Aah ! oui, comme ça ! se mit à éructer Guillaume. Tu suces comme une vraie petite pute ! C'est trop bon ! Encore ! Surtout ne t'arrête pas ! Prends-la bien à fond ! Pompe-moi la bite jusqu'au bout !

En même temps qu'il dévidait son chapelet d'obscénités d'une voix de plus en plus aiguë, Guillaume avait accéléré le va-et-vient de ses hanches, s'enfonçant de plus en plus loin dans sa gorge, ce qui faisait hoqueter Emmanuelle à chaque fois.

Enfin, lorsque Guillaume empoigna à deux mains la tête de la jeune femme, elle comprit que sa délivrance approchait. Mais, pour y parvenir, il restait une dernière épreuve à subir, une ultime étape à franchir…

Guillaume Tourain éructa à pleine voix. Son corps se tendit, comme sous l'effet d'un brusque courant électrique, qui l'aurait traversé de part en part. Et Emmanuelle reçut dans la bouche un flot de semence épaisse et chaude, dont l'âcre saveur faillit la faire vomir.

– Avale ! gronda son violeur, d'une voix haletante. N'en perds pas une goutte, sinon…

Toujours cette menace, imprécise, effrayante – effrayante parce qu'imprécise…

Docile, maîtrisant à grand-peine le dégoût qui la possédait, Emmanuelle se força à déglutir, afin d'avaler les jets brûlants qui aspergeaient sa langue et l'intérieur de ses joues. Lorsque, enfin, le membre viril abandonna sa bouche, elle voulut dire quelque chose et se prépara à le faire.

Elle n'en eut pas le temps : avec une rapidité foudroyante, Guillaume Tourain venait de la gifler de toute sa force, lui arrachant un cri de douleur.

– Je ne veux pas t'entendre, espèce de chienne puante ! grinça-t-il, d'une voix de dément. Tu n'as rien à dire, rien à demander, OK ? Je suis le maître absolu, ici ! Maître de ta vie, maître de ta mort !

Il se radoucit brusquement et sa voix, d'un coup, se fit presque douce :

– Mais n'aie pas peur : je vais bien m'occuper de toi. Tu auras à boire et à manger, tout à l'heure. Et je te ferai même couler un bon bain. Ça te dégourdira un peu : c'est que ça ne doit pas être agréable, d'être attachée comme ça, hein ? Mais, bon, qu'est-ce que tu veux : c'est ton destin, tu ne peux absolument rien y changer…

Emmanuelle sentait qu'elle n'allait pas tarder à sombrer dans la folie, à cause de la pression que la panique exerçait sur son cerveau. C'était encore plus terrifiant que les coups, cette soudaine douceur chez son geôlier…

Elle n'avait plus qu'une envie : qu'il s'éloigne d'elle, qu'il s'en aille, vite. Il la rendait malade de terreur. Elle en venait à regretter les ténèbres absolues dans lesquelles elle se trouvait, avant son irruption dans la cave.

Car, depuis que Guillaume avait donné de la lumière, Emmanuelle était certaine que cette pièce aveugle, en béton brut, ne pouvait se trouver qu'en sous-sol.

Elle avait aussi pu constater, avec une stupeur mêlée

d'effroi, que ce qu'elle avait pris pour un simple chevalet de bois, était en fait une sorte d'assemblage métallique, de plaques et de tubulures, qui semblaient toutes articulées entre elles, selon un agencement compliqué et incompréhensible.

Incompréhensible, l'engin – beaucoup plus gros que ce qu'elle avait d'abord cru – ne le resta pas longtemps, pour celle qu'il entravait. Ayant pianoté sur ce qui devait être un petit clavier, qu'Emmanuelle ne pouvait pas voir, Guillaume abaissa un petit levier de plastique noir.

Emmanuelle poussa un petit cri aigu, de surprise et de douleur mêlées.

De surprise parce que, soudain, les plaques et les tubes d'acier s'étaient tous mis en mouvement en même temps, obligeant son corps à changer de position.

De douleur parce que l'opération réveillait brutalement ses muscles ankylosés par une trop longue immobilité.

Lorsqu'enfin tout s'arrêta, Emmanuelle se retrouva étendue sur le dos, les jambes pendantes et écartées, les mains se rejoignant sous la plaque métallique où elle était attachée, ce qui infligeait une douloureuse torsion à ses bras.

De par cette position, le corps de la jeune femme présentait une cambrure particulièrement obscène – mais probablement irrésistible aux yeux de son bourreau, qui se tenait immobile à environ deux mètres d'elle.

De fait, Emmanuelle pouvait le voir dévorer des yeux le mince triangle d'or de sa toison. Laquelle, à cause des reins creusés de la jeune femme, ne cachait pas grand-chose des mystères nacrés et fragiles qu'elle était censée voiler.

Après s'être longtemps rassasié de ce corps nu et totalement sans défense, Guillaume Tourain revint vers sa victime. Laquelle put constater, avec une sorte de résignation désespérée où entrait aussi du dégoût, qu'il arborait de nouveau une arrogante érection.

Guillaume posa sa main droite sur le ventre frissonnant de sa prisonnière et la fit remonter vers ses petits seins ronds, dont le froid avait maintenu les mamelons érigés. Il les tritura un moment, l'un après l'autre, entre le pouce et l'index, en appréciant la texture légèrement grenue sous la pulpe de ses doigts trop courts.

Dans le même temps, sa main gauche était venue s'enfouir entre les cuisses fines de sa victime sans défense. Sous la peau satinée et pâle d'Emmanuelle, les muscles se contractèrent, indiquant que, machinalement, dérisoirement, elle essayait de refermer les jambes pour interdire à cette main qui lui faisait horreur l'accès à son intimité.

Les petits doigts de Guillaume s'enroulèrent dans

les poils blonds, aussi fins que des fils d'or, effleurant les pétales de nacre qui se repliaient en dessous, comme ceux d'une fleur non encore éclose.

– Tu aimes ça, hein ? souffla-t-il, sur un ton stupidement satisfait. Tu aimes que je te branle, avoue-le ! Toutes les petites salopes de ton espèce adorent ça, et je suis bien placé pour le dire ! Si tu savais combien j'en ai croisé, des petites blogueuses dans ton genre, qui font croire qu'elles s'intéressent à des tas de choses, alors qu'elles ont juste envie qu'on leur éteigne à grands coups de bite le feu qui leur dévore le cul !

À mesure qu'il parlait, le visage insignifiant et mou de Guillaume Tourain s'était empourpré, et c'est avec une brutalité de plus en plus grande qu'il fouillait le ventre écartelé d'Emmanuelle, laquelle ne cessait plus de pousser de petits gémissements pitoyables, à cause des efforts qu'elle faisait pour ne pas hurler, insulter son bourreau. Ce qui aurait à coup sûr déclenché la fureur de ce dément.

Car Guillaume Tourain était un dément, elle en était certaine. Et elle ne parvenait pas à comprendre comment l'homme qui la fouillait avec avidité pouvait être le même que celui avec qui elle entretenait des rapports délicieux et excitants depuis des mois, sur leurs blogs respectifs.

Parfois, sa main s'égarait encore plus bas, dans le

profond sillon séparant les deux fesses rondes de sa victime, et l'un ou l'autre de ses doigts effleurait le petit œillet brun et plissé qui s'y trouvait niché.

Avec une sorte de rage muette, qui faisait luire ses petits yeux sans couleur définie, vaguement globuleux, il abandonna momentanément le corps de sa victime pour venir se placer à hauteur de son épaule droite, son sexe dressé et palpitant en surplomb de son visage.

– Tu le vois, celui-là, ma Barbiscotte ? grinça-t-il, avec un sourire ignoble, en faisant osciller de la main sa verge noueuse. Eh bien ! dans un instant, il sera enfoncé dans ta petite chatte jusqu'à la garde ! Et, crois-moi, étroite comme je viens de te découvrir, tu vas le sentir passer !

Guillaume Tourain avait dit cela exprès. Pour jouir de la lueur de dégoût et de peur qui venait de s'allumer dans les yeux clairs d'Emmanuelle. Car il avait besoin de ça pour arriver à ses fins avec une fille : qu'elle ait peur de lui. Ou qu'elle ressente du dégoût, de la répulsion même.

Tout plutôt que la gentille et distraite indifférence qui avait été son lot durant bien trop longtemps. Brusquement, il avait décidé qu'il fallait que ça cesse, leurs minauderies, leurs refus attristés ou leurs consentements distraits.

Une fois sa décision prise, Guillaume Tourain avait fait tout ce qu'il fallait pour parvenir au but qu'il s'était fixé. Ça lui avait pris des mois, d'un travail minutieux, patient, acharné.

Et, cette fois, enfin, il y était.

– Je sais que tu es impatiente de me recevoir, petite Barbiscotte ! murmura-t-il avec une ironie lourde, tout en promenant la tête gonflée de son sexe sur les joues et les lèvres d'Emmanuelle, qui avait fermé les yeux. Eh bien ! sois contente : c'est maintenant !

Guillaume alla se placer entre les jambes pendantes de sa victime. Il empoigna ses cuisses à pleines mains et les écarta autant que le lui permettaient les liens dans lesquels elles étaient entravées. Il constata avec satisfaction que son membre palpitant et dur arrivait juste à hauteur du fin buisson doré, gardien du temple féminin.

D'un violent coup de reins, il s'enfonça avec délice dans ce ventre féminin sans défense. Emmanuelle eut un soubresaut de tout le corps, mais elle ne put rien faire pour échapper au membre raide et gonflé qui la perforait.

Dès qu'il fut fiché en elle, Guillaume Tourain se pencha en avant, vers les seins délicats de sa victime. Tout en allant et venant entre ses cuisses, à une cadence de plus en plus rapide, il saisit l'un des tendres mamelons dressés entre ses dents et le mordit sauvagement.

Emmanuelle poussa un hurlement strident. Le violent soubresaut que fit la malheureuse, fouettée par la douleur, se répercuta à tout son corps, et son violeur en ressentit délicieusement les vibrations jusque dans son propre sexe, étroitement enserré dans le réceptacle féminin, si chaud, si vivant…

Une nouvelle fois, il mordit brutalement le petit mamelon rose qui saillait entre ses lèvres. Tellement fort que le corps d'Emmanuelle, en se tendant, faillit déséquilibrer la table articulée sur laquelle elle était attachée. Tellement fort, aussi, qu'un filet de sang vermeil se mit à couler le long de son sein, jusqu'à son ventre qui palpitait de plus en plus vite, sous l'effet conjugué de la souffrance et de la terreur. Avec une avidité répugnante, Guillaume Tourain lécha fiévreusement ce liquide chaud ; s'en barbouillant les lèvres et le menton.

Au même instant, une brusque chaleur prit naissance au profond de ses reins et se propagea à une vitesse inouïe dans tout son bassin. La seconde d'après, il explosa en râlant dans le ventre étroit qu'il pilonnait de toute sa puissance, en longs jets brûlants et impétueux.

Ses petits doigts boudinés agrippés aux seins de sa victime, il jouit longuement, la tête renversée en arrière, son ventre flasque collé à celui d'Emmanuelle.

Lorsqu'il se retira enfin d'elle, celle-ci se détendit brusquement et, du coup, éclata en irrépressibles sanglots, tandis que sa tête roulait pitoyablement vers la droite, comme celle d'un oiseau mort.

– Vas-y, tu peux chialer ! gronda méchamment Guillaume, tout en se rajustant avec des gestes méticuleux et précis. Si tu savais ce que je m'en fous ! Je suis sûr que c'est encore une de vos comédies de gonzesses !

Comme ç'avait déjà été le cas un peu plus tôt, il se radoucit d'un coup et sa voix se fit presque tendre, tandis qu'il contemplait, comme attendri, le visage d'Emmanuelle, ravagé par les larmes.

– Allons, petite Barbiscotte, ça ne sert à rien, de te mettre dans des états pareils, je ne vais pas te manger ! Tu verras, tu apprendras à me connaître et, j'en suis sûr, à m'apprécier. Ça prendra le temps que ça prendra : nous ne sommes pas pressés, n'est-ce pas ?

Emmanuelle trouva la force de redresser la tête et de le regarder dans les yeux.

– Mais pourquoi ? gémit-elle, d'une voix hoquetante de sanglots mal maîtrisés. Pourquoi moi ? Qu'est-ce que vous me voulez ? Et où on est, d'abord ?

– Oh là ! que de questions ! s'exclama son geôlier, sur un ton presque guilleret. Le problème, vois-tu, c'est que je n'ai pas l'intention d'y répondre. Habitue-toi, dès maintenant, à être totalement en mon pouvoir. À compter d'aujourd'hui, tu n'as plus d'existence que pour moi, et moi seul ! Pour le reste du monde, tu n'existes plus !

Guillaume Tourain se mit à arpenter la pièce à grandes enjambées, en proie à une grande agitation, une sorte de fièvre brutale et vive.

– Oh ! bien sûr, reprit-il, la voix de plus en plus aiguë, on va te chercher… au début… mais personne ne te trouvera jamais. Par conséquent, les recherches finiront par s'arrêter, l'affaire sera enterrée. Fini ! Disparue, évaporée dans les airs, la petite Barbiscotte !

De nouveau, il changea brusquement de ton et sa voix se fit bienveillante, presque câline :

– Mais ne t'inquiète pas de toutes ces bêtises : tu ne manqueras de rien, ici. Et on pourra même être très heureux, toi et moi… pour peu que tu n'essaies jamais de sortir de ton rôle d'esclave docile, que tu n'oublies jamais que je suis ton maître absolu, avec droit de vie et de mort sur toi !

Il caressa distraitement les longs cheveux blonds et soyeux, et Emmanuelle devait faire un très gros effort sur elle-même pour ne pas écarter sa tête. Ce qui aurait sans doute suffi à déclencher un nouvel accès de fureur démentielle.

– Je vais être obligé de te quitter un moment, maintenant, dit Guillaume avec un sourire de bon papa. Mais je reviendrai aussi vite que je pourrai et je t'apporterai à manger et à boire. Ensuite, on ira dans la pièce à côté et je te ferai prendre un bain. Tu vois : j'ai tout prévu pour que tu ne manques de rien ! Allez, à tout de suite, ma Barbiscotte…

L'air hébété, hagard, Emmanuelle le suivit des yeux jusqu'à ce qu'il ait disparu. Ou, plus exactement, jusqu'à ce qu'il ait relevé l'interrupteur, plongeant à nouveau la cave dans les plus épaisses ténèbres.

La porte claqua, et Emmanuelle eut l'impression paniquante que c'était le couvercle de son propre caveau qui venait de se rabattre sur elle.

Sur la morte vivante qu'elle était devenue.

En se mordant violemment la lèvre inférieure afin de tenter de faire refluer la panique abjecte qui montait en elle, Emmanuelle tenta de réfléchir aussi calmement que possible à ce qui lui arrivait.

Mais elle en fut incapable. Rien de tout cela n'avait de sens, rien n'était intelligible. Elle n'avait même plus la force de pleurer, le courage de crier.

En fait, elle n'était plus capable de la moindre réaction humaine normale.

Elle avait la sensation affreuse d'être en pleine régression. Comme si son humanité était en train de la quitter, de se vider de son esprit.

La seule idée qui émergea, dans son cerveau paralysé par l'horreur, c'est qu'elle était en train de traverser un cauchemar, un peu plus réaliste que ceux qu'elle faisait régulièrement, nuit après nuit depuis son enfance, et qu'elle allait bientôt, très bientôt se réveiller.

C'est sur cette pensée, à peine consolante, qu'Emmanuelle Le Grais sombra dans un sommeil épais et lourd.

Chapitre II

Le commandant Boris Corentin ouvrit si silencieusement la porte des Affaires recommandées – la section reine de la célèbre Brigade mondaine – que Géraldine Hébert ne releva même pas la tête de son bureau, où elle était occupée à écrire. Écrire à la main, ce qui était inhabituel chez elle, accro à l'ordinateur bien davantage que ses deux coéquipiers, le capitaine Aimé Brichot et Boris Corentin lui-même.

Profitant qu'elle ne s'était pas avisée de sa présence, Corentin resta un moment immobile sur le seuil du bureau, pour le simple plaisir de la regarder.

Géraldine Hébert était une jeune femme de 26 ans, rousse, les cheveux raisonnablement courts. Elle avait le teint laiteux, parsemé de quelques taches de rousseur discrètes sur les pommettes et les ailes du nez ; un nez qu'elle avait petit et légèrement retroussé. Avec cela, une bouche rouge et naturellement rieuse, ainsi que deux admirables yeux vert émeraude, qui pétillaient de malice derrière ses petites lunettes rondes à monture dorée très fine.

Le physique de Géraldine était à la hauteur de son visage : grande, de longues jambes fines, une croupe ronde et ferme, deux petits seins aigus et haut placés, qui se passaient parfaitement d'un quelconque soutien.

En plus de ça, c'était une jeune femme au caractère naturellement enjoué, facile à vivre, dotée d'un solide sens de l'humour et capable d'être drôle elle-même, à ses heures. Le tout joint à une intelligence acérée et une grande conscience professionnelle.

Bref, aux yeux de Boris, incorrigible coureur de jupons, Géraldine Hébert aurait parfaitement pu figurer la femme idéale, telle qu'il la concevait.

À un seul détail près la jeune et jolie « fliquette » aimait autant les femmes qu'il les aimait lui-même…

Oh ! bien sûr, c'était une fille moderne, n'ayant rien à voir avec l'image un peu caricaturale de la lesbienne hommasse et agressive avec les mâles !

Et même, lors d'une de leurs premières enquêtes ensemble[1], un soir, Boris Corentin avait eu l'impression assez nette qu'il s'en était fallu d'un rien, mais vraiment d'un rien pour que Géraldine et lui ne sautent le pas ensemble, et que la jeune femme ne revienne dans ses bras à une sexualité plus « orthodoxe »…

Boris Corentin finit par s'arracher à sa rêverie vaguement érotique et toussota pour signaler sa

1 Voir le Brigade mondaine N° 257 : *Nuit chaude à Barcelone.*

présence. Mais au lieu du sourire qu'il s'attendait – avec une certaine fatuité – à voir apparaître sur le visage de Géraldine, c'est une mine grave qui se peignit sur ses traits.

– Qu'est-ce qui t'arrive, Petit bonhomme ? demanda Corentin, déjà tout prêt à s'inquiéter pour sa jeune « protégée ». Tu as un problème ? Des soucis ?

– C'est pas moi, c'est Mémé[1], répondit-elle, en remontant machinalement ses petites lunettes cerclées d'or. Son gamin s'est viandé dans l'escalier et il a la trouille qu'il se soit niqué une cheville : Jeannette et lui sont aux urgences, il sera là en milieu de matinée.

La relation entre Aimé Brichot et Géraldine Hébert avait connu des débuts un peu délicats. Surtout du fait du premier qui n'avait pas vu sans jalousie la jeune femme venir s'immiscer dans le « couple » qu'il formait avec Corentin depuis pas mal d'années déjà.

Et puis, à l'occasion d'une absence de Boris, ils avaient dû mener ensemble une enquête très délicate[2], ce qui les avait beaucoup rapprochés.

Mais ils n'en continuaient pas moins à se vouvoyer, comme par le passé, alors que la jeune femme et Boris Corentin, pourtant le plus élevé en grade, s'étaient tutoyés d'emblée et tout naturellement.

– Pauvre Charles ! s'apitoya Boris. Pour un gamin comme lui, qui ne tient pas en place, ça va être dur de

1 Le surnom donné au capitaine Aimé Brichot, le coéquipier de toujours de Boris Corentin.

2 Voir le Brigade mondaine N° 272 : *Princesse vaudou.*

se taper cinq ou six semaines de plâtre, si c'est vraiment une cheville cassée ! Enfin, attendons de voir…

Il se défit de son blouson de cuir, ressorti du placard deux jours plus tôt : on avait beau avoir passé la mi-juin, il faisait de nouveau frisquet sur pratiquement toute la France.

– C'est l'hiver indien ! avait plaisanté Géraldine, la veille, pour faire enrager Aimé Brichot.

Depuis leur récent séjour au Québec[1], ce dernier ne supportait plus d'entendre les journalistes et les présentateurs météo parler à tout bout de champ, et surtout à tort et à travers, de « l'été indien », dès que la température remontait de quelques degrés, en automne.

– Vous vous rendez compte, leur avait-il dit, que, l'année dernière, parce qu'il s'était mis à faire plus chaud, j'ai entendu l'un de ces imbéciles de la télé parler d'été indien *alors qu'on était le 10 septembre* ! Qu'est-ce qu'il avait d'Indien, cet été, vous pouvez me le dire ?

– Tu étais sur un boulot ? voulut savoir Corentin. Tu bosses pour Rabert et Tardet[2] ?

Satisfait des services de Géraldine Hébert, Charlie Badolini, le commissaire divisionnaire dirigeant la Brigade, avait décidé d'intégrer sa jeune stagiaire aux Affaires recommandées, mais en tant qu'« électron

1. Voir le Brigade mondaine N° 261, *Perversions québécoises*.
2. La deuxième équipe des Affaires recommandées.

libre », comme il l'avait dit lui-même. C'est-à-dire que, suivant les besoins des uns et des autres, elle venait renforcer soit l'équipe de Rabert et Tardet, soit celle de Corentin et Brichot – seconde option qu'elle préférait nettement à la première.

Géraldine poussa un profond soupir :

– Naaan ! J'écris à mes parents. Et mon père, ce dangereux maniaque, juge qu'écrire une lettre personnelle à l'ordi, ça l'fait pas. Donc, j'ai ressorti le bon vieux stylo des familles...

Boris Corentin allait ajouter quelque chose, mais il fut interrompu par la sonnerie de son téléphone de bureau. Il attendit la deuxième avant de décrocher.

– Oui, Monsieur le divisionnaire, j'arrive à l'instant.

– [...]

– Euh, non, il a un petit problème familial, il n'arrivera qu'en milieu de matinée.

– [...]

– Voulez-vous que je vienne avec Géraldine, à la place ?

– [...]

– Tout de suite, patron !

Corentin raccrocha et se tourna vers Géraldine, qui avait évidemment compris de quoi il retournait :

– C'était Baba[1] qui vous convoquait, Mémé et toi, pour vous confier une grosse bouse, dit-elle d'un ton

1. Surnom donné (entre eux seulement...) par ses subordonnés à Charlie Badolini.

assuré. Et il consent à prendre la cinquième roue du carrosse en lieu et place de ton collaborateur préféré !

Boris Corentin haussa le sourcil droit :

– Dis donc, Petit bonhomme, tu ne vas pas te mettre à me faire des crises de jalousie à ton tour, maintenant que Mémé s'est calmé, non ?

Géraldine eut un large sourire, ce qui fit apparaître la petite fossette de sa joue droite :

– Meuh non ! c'était pour rire ! Allez, on y va, sinon, il risque de nous faire un caca nerveux, le big boss...

– Quelle classe ! quelle élégance ! soupira Boris Corentin, parodiant Aimé Brichot.

Une minute plus tard, il poussait la double porte capitonnée donnant accès au bureau directorial. Bureau déjà envahi, malgré l'heure matinale, par la fumée des cigarettes brunes sans filtre que le commissaire divisionnaire Badolini fumait quasiment à la chaîne, au mépris des nouvelles lois interdisant de fumer dans les lieux publics.

– Mon bureau *n'est pas* un lieu public ! avait-il rétorqué, avec une parfaite et tranquille mauvaise foi, à Boris Corentin qui, un ou deux mois plus tôt, lui en avait fait malicieusement la remarque.

Le patron de la Brigade mondaine était au téléphone et c'est par un geste vague et ample du bras et de la main gauches qu'il fit signe à ses deux subordonnés d'entrer et de prendre place dans les deux fauteuils réservés à ses visiteurs. Fauteuils de style Empire, comme tous les meubles (venus du Mobilier national) de son bureau, y compris le bureau lui-même : Charlie Badolini n'était pas corse pour rien…

– Écoutez, il ne va quand même pas nous emmerder jusqu'à la Saint-Glinglin, ce petit commissaire de quartier, si ? était en train de maugréer Badolini, de sa voix éraillée par des décennies de tabagisme hautement actif. S'il continue à faire le mariole, on passera par-dessus sa tête et c'est tout ! Allez, on marche comme ça. Et tenez-moi au courant, hein ?

Un petit sourire flottait sur les lèvres de Boris Corentin. Des mots comme « mariole » ou « Saint-Glinglin », il ne devait plus guère y avoir que Charlie Badolini pour les employer encore dans la conversation courante…

Le commissaire divisionnaire raccrocha avec une certaine brusquerie, avant de se composer un sourire aimable et de relever la tête vers ses deux subordonnés, qui attendaient patiemment son bon vouloir.

– Ah ! Boris, Mademoiselle Hébert, je suis bien aise de vous voir : ça va me changer de l'autre timoré incapable que j'avais en ligne ! Enfin, bref…

Charlie Badolini prit le temps d'allumer une nouvelle cigarette, alors que le mégot de la précédente devait probablement être encore tiède, dans le gros cendrier en onyx qui trônait à sa gauche.

– J'ai une petite affaire de routine à vous confier,

annonça-t-il, quand ce fut fait.

Boris Corentin et Géraldine Hébert échangèrent un bref regard étonné. En général, comme son nom l'indiquait assez, le service des Affaires recommandées ne traitait que les histoires pourries, les dossiers explosifs, les chausse-trappes les plus piégeuses, bref: tous les trucs où il y avait systématiquement plus de coups à prendre que de médailles à recevoir.

– Oui, je sais ce que vous pensez, fit très vite le commissaire divisionnaire, avec un petit sourire en coin: « Il essaie de nous endormir avant de nous refiler une patate bouillante et véreuse. » Mais, pour une fois, je vous assure que ce n'est pas du tout le cas.

– Eh bien… nous vous écoutons, patron… répondit Boris Corentin, avec une certaine circonspection.

– Ça tient en quelques mots, répliqua Badolini: Mademoiselle Emmanuelle Le Grais a disparu du domicile de ses parents, où elle vit, il y a près de quarante-huit heures, et vous êtes chargés, ainsi qu'Aimé Brichot dès qu'il sera arrivé, de la retrouver dans les plus brefs délais.

Boris Corentin regarda le commissaire divisionnaire avec un air abasourdi:

– Retrouver une fille qui a disparu? Pardonnez-moi, patron, mais… depuis quand ce genre de boulot est-il dans les attributions de la Brigade mondaine? Ce serait plutôt du ressort du 9e CDJ[1], ça, non?

1. Le 9ème cabinet de délégation judiciaire, autrement dit le service des disparitions.

– Vous ne comptez tout de même pas m'apprendre l'organigramme de la police française, je suppose ? fit ironiquement le commissaire. Bien sûr que c'est du ressort des dispas ! Seulement, il y a eu comme qui dirait une interférence. Didier Le Grais, le père de la disparue en question joue au golf deux fois par semaine avec l'un des membres du cabinet de notre nouveau ministre. Qu'il a appelé directement, lorsqu'il s'est aperçu que sa fille s'était évaporée sans avoir prévenu personne. À votre avis, il a fait quoi, ce très haut personnage du ministère ?

– Il a appelé notre directeur pour exiger de lui qu'il règle ça au mieux et au plus vite, répondit Géraldine Hébert, prenant Boris Corentin de vitesse.

– Tout juste, Mademoiselle ! Lequel, à peine avait-il raccroché, m'appelait pour me refiler le bébé. Et tout ça par votre faute !

– Comment ça, notre faute ? se rebiffa Corentin, avec un léger sursaut du buste.

– Mais naturellement ! s'exclama Badolini. Depuis que vous avez si superbement tiré les marrons du feu dans cette affaire de trafic d'armes entre l'Europe de l'Est et le Moyen-Orient[1], notre bien aimé directeur ne jure plus que par vous !

Le commissaire divisionnaire feignait d'en être contrarié, mais on voyait bien, dans son œil, la petite lueur de satisfaction qui y brillait…

1. Voir le Brigade mondaine N° 273, *Vénus bottée*.

– C'est lui qui a quasiment exigé que ce soit vous et Brichot qui soyez chargés de l'affaire, c'est vous dire !

– Et moi, je compte pour du beurre ? s'autorisa Géraldine Hébert, en faisant une moue renfrognée.

– Notre directeur a également cité votre nom… répondit aimablement Charlie Badolini.

– Quel être charmant et merveilleux ! fit mine de s'extasier Géraldine.

Mais, pour le commissaire divisionnaire, la minute de plaisanterie était déjà écoulée et sa petite réplique tomba complètement à plat.

– Si ça se trouve, cette jeune fille bien sous tout rapport a simplement fait une fugue amoureuse avec son galant du moment, observa Charlie Badolini. Néanmoins, puisqu'on nous a demandé avec insistance de nous en occuper, nous allons le faire… Nous, c'est-à-dire vous !

Par-dessus son grand bureau, il tendit à Corentin une chemise de papier vert, dont le contenu semblait bien mince.

– Il n'y a pas grand-chose, vous verrez, dit en effet le commissaire. Didier Le Grais, à ce que m'a dit notre directeur, attend votre visite avec impatience. Il est totalement effondré, paraît-il…

– Eh bien ! nous allons commencer par prendre rendez-vous avec lui, soupira Corentin, en se levant pour saisir le mince dossier qu'on lui tendait. Puisqu'il faut bien commencer par quelque chose…

– Surtout, tenez-moi au courant régulièrement, les pressa Charlie Badolini, alors que Géraldine et Boris étaient déjà à mi-chemin de la porte capitonnée. Je sens qu'« on » ne va pas manquer de m'appeler cinq ou six fois par jour, à cause de cette fichue gamine...

– Nous n'y manquerons pas, Monsieur le divisionnaire... répondit très respectueusement Corentin, en dissimulant son petit sourire ironique.

Lorsqu'ils firent retour aux Affaires recommandées, Boris et Géraldine eurent la joie de découvrir Aimé Brichot assis derrière son bureau.

– Ah ! Mémé ! Quel bonheur ! s'exclama Géraldine, tout sourire. Alors ? Comment il va le petit Patte-en-bois ?

– Il va falloir amputer, malheureusement... répondit lugubrement Brichot.

Durant une seconde ou deux, Géraldine sentit sa respiration se bloquer. Jusqu'à ce qu'un petit sourire finaud vienne relever les coins de la moustache de Brichot.

– Mémé, vous êtes un sadique ! dit-elle, en riant à son tour, de soulagement.

– Vous n'aviez qu'à pas traiter mon unique héritier mâle de patte-en-bois, répliqua Brichot, apparemment très content de sa petite blague. Non, en fait, il s'en est bien tiré : rien de cassé, juste une légère foulure, dont il ne devrait plus être question d'ici quelques jours.

– Tant mieux ! fit sincèrement Géraldine. En plus, je

suis sûr que Charles est ravi de manquer l'école quelques jours.

– Oh ! vous savez, l'école, à la mi-juin... soupira Brichot. C'est plus de la garderie qu'autre chose...

– Pour revenir à des choses plus terre à terre, intervint Boris Corentin, on sort de chez Baba.

– Je m'en doutais, opina son coéquipier. Alors ? Un nouveau truc pourri ?

Les deux autres lui exposèrent en quelques phrases la disparition d'Emmanuelle Le Grais. Aimé Brichot eut une moue dubitative.

– En effet, ça n'a pas l'air bien passionnant. Je suppose que tu as prévu de commencer par la famille ?

– Évidemment, opina Corentin. Seulement, je ne pense pas que ce soit la peine qu'on débarque à trois...

Il avait à peine fini que Géraldine Hébert était déjà en train de se rembrunir, sachant très bien que l'équipe de base, c'était Corentin + Brichot – elle.

– Écoute, Boris, comme vous avez commencé ensemble, pourquoi est-ce que tu n'irais pas avec Géraldine ? suggéra alors Aimé Brichot.

– C'est vrai, Mémé ? Vous êtes sûr que ça ne vous dérange pas que je vous pique votre place ?

– Voyons, Géraldine ! ne faites pas le bébé : vous ne me piquez rien du tout ! répondit Brichot avec un petit sourire presque attendri.

Il redevint sérieux aussitôt :

– Pour être très franc, ça m'arrange plutôt. Mon

vieux copain Brigandeau, qui est maintenant au SRPJ de Nantes, vient de m'appeler pour me demander si je pouvais lui trouver deux ou trois trucs dont il aurait besoin…

– Des trucs professionnels ? demanda un peu étourdiment Géraldine Hébert.

Une ombre de contrariété passa fugitivement sur le visage de Brichot, qui répondit sur un ton très évasif :

– Plus ou moins…

Géraldine comprit qu'elle ne devait pas insister. De son côté, Boris Corentin se promit de lui expliquer, plus tard, qu'il y avait des questions qu'on ne se posait pas, entre policiers, sauf à être vraiment très proches, et même de vrais amis comme Aimé Brichot et lui.

En principe, lorsqu'un enquêteur a besoin de renseignements qui sont du ressort d'une autre brigade, ou d'un autre service que le sien, il doit passer par la voix hiérarchique et les demander de façon officielle. Ce qui suppose toujours un certain délai. Surtout si, par malchance, il existe une rivalité entre les services concernés.

C'est pourquoi, régulièrement, les policiers préfèrent tordre un peu le cou au règlement et utiliser leur réseau particulier, afin de gagner du temps. Tout le monde le sait, bien sûr, mais il est de bon ton de n'en point parler…

– OK, Mémé, on fait comme ça, approuva Boris Corentin. Tu n'auras qu'à prendre le train en marche, si jamais les choses s'accélèrent.

– Je préférerais monter *avant* que ça n'accélère, répondit-il spirituellement, en lissant d'un geste machinal la pointe droite de sa moustache.

*

* *

Un homme rongé par l'angoisse et qui faisait des efforts surhumains pour tenter de paraître calme, sans y parvenir : voilà en face de quoi se trouvaient Boris Corentin et Géraldine Hébert depuis une vingtaine de minutes, dans un assez vaste salon, meublé avec un goût bourgeois très sûr, à quelques mètres du parc Monceau, sur lequel donnaient les trois hautes fenêtres de la pièce.

Lorsque Corentin lui avait téléphoné, Didier Le Grais lui avait dit de passer quand ils voulaient… mais le plus rapidement possible. Sa voix était totalement éteinte.

Elle l'était également, maintenant que Géraldine et Boris se trouvaient face à lui. Ses traits étaient tirés, son teint cireux, comme ceux d'un homme qui n'a que très peu dormi depuis deux nuits et que l'angoisse dévore.

Didier Le Grais devait avoir entre 45 et 50 ans. En temps ordinaire, quand tout allait bien, il devait être ce qu'on appelle un bel homme : grand, mince, les épaules carrées, quelques petits fils d'argent dans ses cheveux bruns, un regard sombre mais pétillant d'intelligence.

– Donc, je résume ce que vous venez de nous dire, afin d'être sûr que nous ayons bien compris, dit Boris Corentin. L'après-midi précédant sa disparition, Emmanuelle est sortie en disant à sa mère qu'il ne fallait pas l'attendre pour dîner et qu'elle rentrerait peut-être tard. D'après votre épouse, elle aurait mis un soin particulier à sa toilette et à son maquillage, ce qui semblerait indiquer un rendez-vous plus ou moins galant. De plus, le fait que votre fille ait déclaré qu'elle rentrerait *peut-être* tard semblerait indiquer qu'elle-même ne savait pas comment allait évoluer sa soirée. Peut-être s'agissait-il d'un premier rendez-vous…

– Votre fille avait un petit ami régulier ? intervint Géraldine, d'une voix douce.

Didier Le Grais releva lentement la tête. Son air égaré faisait peine à voir.

– Elle en avait un, oui. Mais j'ai cru comprendre qu'ils s'étaient séparés juste avant que ce garçon ne parte poursuivre ses études aux États-Unis.

– Vous avez cru comprendre ? releva Géraldine.

Didier Le Grais se tourna vers elle pour répondre :

– Nous sommes une famille unie et, je crois, sans problème particulier. Mais je suis d'un caractère assez réservé – ma femme dit « secret »… – et ma fille aînée tient de moi, sur ce chapitre. Elle n'a jamais dit grand-chose de sa vie privée, surtout depuis l'adolescence.

– Je vois... fit Boris. Mais elle doit bien avoir des amis tout de même ? Des amis que vous connaissez...

– Il y a surtout Bénédicte, Bénédicte Charrière, qui vient régulièrement dormir ici. Je crois qu'elle est la seule véritable amie d'Emmanuelle. Ma femme a son adresse et son téléphone. C'est bien entendu la première personne que nous avons appelée pour lui demander si elle savait où était Emmanuelle. Mais elle n'en savait rien.

« Ou alors elle le sait et elle a promis à sa copine de ne rien dire... », songea Géraldine, qui s'y connaissait doublement en matière de filles...

– Je demanderai à mon épouse de vous communiquer tout cela quand elle rentrera, affirma Le Grais.

– Oui, ce serait bien, approuva Boris Corentin. Comme cela, nous pourrons...

– Vous allez la retrouver, dites ? l'interrompit soudain Didier Le Grais, d'une voix suppliante. Promettez-moi que vous allez me rendre Emmanuelle ! Sinon, je sens que je deviendrai fou, ou même que... Non, ça, je n'en ai pas le droit... Mais jurez-moi de la retrouver !

– Mais bien entendu que nous allons retrouver votre fille ! répondit Boris Corentin, d'une voix aussi paisible que possible, pour tenter d'enrayer la crise qu'il sentait monter chez leur interlocuteur.

Il décida d'opérer une diversion :

– Monsieur Le Grais, il faudrait que vous nous accompagniez jusqu'à la chambre de votre fille, afin que nous y cherchions un indice quelconque…

Le malheureux homme se leva sans répondre et se dirigea vers la porte du salon, tel un automate dont on vient soudain d'activer le mécanisme.

Ils traversèrent l'appartement silencieux, immense, décoré et meublé avec un goût très sûr – plutôt richement mais sans la moindre ostentation. Au bout d'un long couloir légèrement incurvé, Didier Le Grais ouvrit la porte de droite et s'effaça pour laisser entrer les deux policiers.

Boris Corentin et Géraldine Hébert découvrirent une très classique chambre-de-jeune-fille, avec ses posters « romantiques », ses photos d'acteurs ou de chanteurs, ses piles de CD en désordre et des colonnes de livres posées à même le parquet. Il y avait même l'inévitable « doudou » venu de l'enfance, un vieil ours en peluche dont les bras ne tenaient plus que par miracle.

– Savez-vous si votre fille possède un agenda, un journal intime, quelque chose de cet ordre-là ? voulut savoir Boris Corentin.

Didier Le Grais pointa le doigt vers le bureau, au milieu duquel trônait un ordinateur à grand écran :

– Tout doit être là-dedans : Emmanuelle passe des heures et des heures devant cette machine…

– Ah ? Et pour y faire quoi ? s'enquit Géraldine.

Le Grais haussa légèrement les épaules :

– Je ne sais pas trop, Mademoiselle. Je vous l'ai dit : Emmanuelle est très discrète sur tout ce qui la concerne intimement. Et comme je ne suis pas du genre à la presser de questions, ni sa mère non plus… Je suppose qu'elle devait passer beaucoup de temps sur Internet, pour préparer les travaux qu'elle devait rendre à la fac. Mais pour le reste…

– Monsieur Le Grais, dit Corentin avec une certaine fermeté dans le ton, il va falloir que vous nous autorisiez à emporter cet ordinateur, afin que nous le fassions « parler », si jamais il a quelque chose à nous dire. Il va de soi que tout ce que nous pourrions apprendre concernant la vie intime de votre fille restera entre le lieutenant Hébert et moi, et que nous-même l'oublierons dès qu'Emmanuelle sera revenue.

– Je vous fais confiance, répondit Didier Le Grais, d'une voix déjà plus ferme. De toute façon, je ne pense pas qu'Emmanuelle ait quoi que ce soit à cacher.

Boris Corentin se garda bien de le détromper. De lui dire que tout le monde ou presque avait quelque chose à cacher. À commencer par les gens qui, un beau jour, disparaissaient sans la moindre explication.

Car, maintenant qu'il s'était fait une image plus précise d'Emmanuelle Le Grais, de son milieu familial et culturel, de son environnement, etc., il ne croyait plus du tout à une fugue amoureuse.

Il était persuadé qu'il était bel et bien arrivé quelque chose de fâcheux à la jeune étudiante en histoire.

– Je vais vous chercher une valise, déclara soudain Didier Le Grais en se dirigeant vers la porte : ce sera plus pratique pour emporter l'ordinateur...

Lorsqu'il eut entendu ses pas décroître dans le long couloir, Boris se tourna vers Géraldine :

– Alors, qu'est-ce que tu penses de tout ça, Petit bonhomme ?

– Petit bonhomme penser certainement pareil que Grand chef ! répondit-elle avec un petit sourire. Qu'Emmanuelle Le Grais n'a pas l'air d'être le genre de fille à perdre la tête pour une amourette et encore moins à fuguer. Donc...

– Donc, il lui est bien arrivé quelque chose, nous sommes d'accord, en effet.

Boris Corentin allait poursuivre, mais les pas de Didier Le Grais se firent de nouveau entendre. Il apparut avec une grosse valise de cuir noir à la main.

– J'espère que ça suffira... murmura-t-il, en la posant à plat sur le lit de sa fille.

Boris Corentin et Géraldine Hébert passèrent encore un petit quart d'heure dans l'appartement des Le Grais, le temps de débrancher les fils de l'ordinateur et d'en ranger les divers éléments dans la valise.

Ils durent aussi renouveler leurs assurances à Didier Le Grais qu'ils allaient bel et bien retrouver sa fille. Ce dont ils n'étaient certains ni ni l'autre.

– N'oubliez pas de demander à votre épouse de nous communiquer les coordonnées de Bénédicte Charrière, dès qu'elle rentrera, demanda Corentin, avant de prendre congé de Didier Le Grais.

Géraldine et Boris descendirent l'escalier en silence, ce dernier portant la lourde valise, comme il se doit.

Lorsqu'ils furent de nouveau installés dans leur voiture de service, Géraldine murmura :

– Je ne sais pas pourquoi, mais j'attends beaucoup de cette Bénédicte. Je suis sûre qu'elle sait quelque chose, mais qu'elle ne veut ou peut pas le dire.

– Qu'est-ce qui te fait penser ça ? demanda Corentin, en quittant sa place de stationnement.

– Je ne sais pas… je le sens…

Chapitre III

Emmanuelle Le Grais tira sur la cordelette qui enserrait son poignet gauche. Aussitôt, un élancement douloureux lui vrilla l'épaule et lui arracha un bref gémissement. Elle ne sentait plus son corps et avait l'impression de n'être plus qu'une boule de souffrance, depuis le temps qu'elle était ainsi, immobile, ligotée sur cette horrible table métallique articulée.

Depuis combien de temps, d'ailleurs, était-elle attachée dans cette posture grotesque et humiliante ? Emmanuelle n'en savait rien. La différence c'est que, désormais, elle savait pourquoi elle n'en savait rien. Parce qu'après chaque repas frugal que lui apportait Guillaume Tourain, elle sombrait dans un lourd sommeil. Quand elle en émergeait, son esprit était totalement égaré et le passé immédiat ne lui revenait que par bribes, lentement, difficilement – et surtout incomplet.

Donc, Guillaume la droguait. Peut-être pour lui faire perdre la notion du temps, justement. Ou encore pour créer une accoutumance, une dépendance psychique qui la rendrait d'autant plus docile.

Soudain, sans que rien ne le lui ait laissé prévoir, Emmanuelle se mit à pleurer, à grosses larmes silencieuses. Combien de temps ce cauchemar incompréhensible allait-il durer ? Pourquoi Guillaume, qui semblait si agréable, si équilibré lorsqu'ils parlaient ensemble sur leurs deux blogs, s'était-il soudain mué en ce monstre, ce dément ?

Et comment tout cela allait-il se finir ?

Les larmes continuaient de couler des yeux d'Emmanuelle. Elle aurait donné n'importe quoi pour pouvoir s'allonger sur le sol et retrouver la possibilité de remuer ses bras et ses jambes. Elle ne voulait plus que cela : qu'on la détache.

Mais Guillaume ne revenait pas. Et la malheureuse était contrainte de demeurer dans la position que son bourreau avait choisi de lui imposer, juste après le dernier repas qu'il lui avait apporté.

Il lui avait d'abord ordonné de s'allonger sur la table, le ventre reposant sur le métal lisse et froid, en gardant les pieds sur le sol. Ensuite, il lui avait attaché les poignets l'un à l'autre sous la table et avait ceint ses reins d'un cercle de métal qui la serrait trop fort.

Puis, une fois programmée la position qu'il avait choisie, Emmanuelle avait senti la table se lever et, en même temps, obliquer vers l'avant. Elle ne pouvait pas tomber, grâce au – ou à cause du – cercle de fer qui la plaquait contre la table, mais ses pieds ne touchaient plus le sol.

De ce fait, elle était quasiment cassée en deux, à angle droit, présentant sa croupe nue et cambrée aux regards éventuels. À force d'essayer de maintenir sa tête droite, depuis qu'elle était sortie des brumes du sommeil, au lieu de la laisser pendre dans le vide, Emmanuelle finissait par ne plus sentir les muscles de son cou endolori.

Soudain, sans qu'elle sache d'où ça lui venait, dans quel recoin de son esprit venait de naître un tel sentiment, une intense poussée de révolte l'envahit. Aussitôt, sous cette irrésistible bouffée, chaude et puissante, ses larmes cessèrent de couler et les traits de son visage fin se crispèrent.

Elle ne devait plus rester passive et résignée ! Il fallait à tout prix qu'elle trouve quelque chose pour se sortir de ce piège, s'évader de ce cauchemar !

Presque simultanément, sa décision fut prise, presque sans qu'elle s'en aperçoive consciemment. Elle allait se montrer plus forte que Guillaume, parce qu'elle allait l'affronter avec des armes qu'il ne possédait pas et contre lesquelles il ne devait pas être capable de trop bien se défendre.

La première fois où il était venu la voir ici, dans son cachot, il lui avait dit qu'elle finirait par s'habituer à lui et même par l'aimer ? Eh bien ! elle allait justement lui faire croire que c'était ce qui arrivait ! La drogue qu'il lui faisait prendre le pousserait sans doute à croire que les défenses psychiques de sa prisonnière s'étaient effondrées, ou étaient en train de le faire. Ça, plus cette espèce de sotte fierté qu'ont toujours les mâles dans leurs rapports de séduction avec les filles, Emmanuelle se sentait capable de lui faire gober l'appât.

Elle allait jouer de ses charmes de façon à inverser les rapports. De victime qu'on utilise à son gré, il fallait qu'elle devienne, dans l'esprit dérangé de Guillaume Tourain, une sorte d'idole dont on sollicite les faveurs.

Après, il ne resterait plus qu'à guetter la moindre occasion de fuite… et à sauter dessus.

Au moment où sa résolution achevait de prendre forme dans son esprit, Emmanuelle entendit claquer le verrou, dans son dos. La porte s'ouvrit et, juste après, un flot de lumière crue se répandit dans la cave, obligeant la prisonnière à fermer les yeux précipitamment.

Tout son corps se contracta lorsque les petits doigts courtauds se posèrent au creux de ses reins et entreprirent de lui caresser le dos. Mais, au prix d'un violent effort sur elle-même, Emmanuelle parvint à se détendre, et même à s'arracher une série de petits soupirs qui pouvaient passer pour de la satisfaction.

– J'avais super hâte que vous arriviez, murmura-t-elle, d'une voix douce, sans essayer de tourner la tête vers son bourreau. J'en peux plus d'être seule, moi...

– C'est vrai ? fit Guillaume, d'un ton surpris, après une seconde ou deux de silence. Tu es réellement contente que je sois là ?

– J'ai toujours eu une sainte horreur de la solitude... murmura Emmanuelle, sans s'avancer davantage pour le moment : il ne s'agissait pas de brûler les étapes, au risque d'éveiller de nouveau la méfiance de son geôlier...

– Eh bien ! tant mieux ! s'exclama Guillaume, d'une voix presque guillerette. Moi aussi, il me tardait de te retrouver, j'y ai pensé toute la journée. Mais tu sais comment c'est, ma petite Barbiscotte : le boulot, les obligations... On ne fait pas toujours ce qu'on veut, n'est-ce pas ?

Après une courte hésitation, Emmanuelle décida de passer directement à la phase suivante. C'était peut-être un peu rapide, mais, d'un autre côté, elle n'avait pas l'intention de faire traîner son plan de séduction pendant des mois...

– Caressez-moi le dos encore... murmura-t-elle, en mettant le maximum de douceur dans sa voix. J'aime bien...

Elle retint de justesse un petit sourire de triomphe lorsque, sans discuter, Guillaume se remit à effleurer ses épaules nues du bout des doigts. Elle se contraignit à émettre de petits ronronnements de gorge qui soient à la fois excitants pour son geôlier et pas trop « surjoués », afin de demeurer crédible à ses yeux.

En même temps, malgré les liens qui meurtrissaient sa peau délicate, Emmanuelle entreprit d'imprimer à sa croupe une sorte de balancement lent et régulier, comme si les attouchements masculins provoquaient en elle d'autres désirs.

Au moment où les mains de Guillaume quittèrent son dos pour aller s'égarer du côté de ses seins et de sa croupe, Emmanuelle abattit une carte nouvelle.

– J'ai mal ! se plaignit-elle d'une voix geignarde. J'ai les poignets et les chevilles complètement ruinés, j'en peux plus ! Vous voulez pas me détacher un moment ? S'il vous plaît ! Juste un petit moment…

Durant plusieurs secondes, il ne se passa rien. Guillaume avait cessé ses attouchements et Emmanuelle sentait son cœur battre à tout rompre. Son bourreau pouvait avoir n'importe quel type de réaction, y compris une violente…

Elle manqua pousser un petit cri de triomphe, lorsqu'elle sentit les petits doigts commencer à défaire ses entraves, celles des bras d'abord, celles des chevilles ensuite, pour terminer par le cerclage métallique qui ceignait étroitement ses reins et la plaquait contre la table articulée.

Dès que ce fut fait, Emmanuelle voulut se redresser, mais elle était restée dans la même position si longtemps, qu'elle se serait écroulée sur le sol si Guillaume ne l'avait pas rattrapée de justesse, au moment où ses jambes se dérobaient sous elle. La saisissant délicatement sous les bras, il lui fit faire doucement demi-tour.

Emmanuelle découvrit alors l'autre partie de la cave et constata qu'un matelas avait été disposé le long du mur, avec deux couvertures grises, pliées à son pied. C'est vers cette couche sommaire que Guillaume l'entraîna.

– Allonge-toi, ma Barbiscotte, ça te fera du bien, lui ordonna-t-il d'une voix presque tendre. Ne t'occupe pas des douleurs : elles vont disparaître rapidement quand ton sang se remettra à circuler normalement dans ton corps. On va le stimuler par de judicieux massages…

– Oui, je vous en prie, soulagez-moi… susurra Emmanuelle, allongée sur le dos, en ouvrant très légèrement les cuisses et en creusant les reins pour faire ressortir sa poitrine juvénile.

Les mains de Guillaume Tourain se posèrent sur son ventre, juste au-dessus du petit triangle blond. Il se mit à la masser, à petits gestes circulaires, à peine appuyés, remontant lentement vers ses petits seins ronds.

Très vite, les histoires de circulation sanguine ne furent plus qu'un prétexte oublié. Emmanuelle s'en aperçut lorsque la bouche de Guillaume se posa sur son sein droit et se mit à en téter goulûment la pointe délicate, tandis que ses petits doigts allaient s'enrouler dans les mèches dorées et bouclées de la toison féminine.

Emmanuelle était tellement tendue vers son plan d'attaque, qu'elle « oublia » de ressentir du dégoût lorsque ces attouchements se précisèrent. Cela tenait au fait qu'elle ne se considérait plus tout à fait comme une victime, mais qu'elle était devenue, à ses propres yeux, une combattante.

Dans cette optique, elle s'appliqua à respirer un peu plus fort, d'une manière plus rapide et saccadée. Afin de faire croire à Guillaume que ses doigts et ses lèvres produisaient sur elle l'effet escompté.

Elle eut plus de mal à continuer de jouer ce rôle de fille consentante, lorsque les doigts de son geôlier, délaissant la fleur de son intimité, s'insinuèrent plus avant entre ses fesses menues – mais elle y parvint.

Et, lorsque le pouce de Guillaume s'enfonça avec effort dans le puits étroit de ses reins, elle réussit même à pousser un profond soupir de bien-être, malgré la légère douleur qu'elle ressentait, écartant davantage les cuisses, comme pour l'inciter à la pénétrer plus profondément encore.

– Je vois que tu y prends goût ! souffla Guillaume Tourain, d'une voix plus sourde, les yeux exorbités par le désir qui s'était emparé de lui, devant ce corps pantelant, qui lui paraissait totalement offert.

C'est en se fondant sur ce regard et sur le visage

empourpré de l'homme qui violait ses reins qu'Emmanuelle commit une erreur fatale.

Pensant qu'elle avait suffisamment endormi la méfiance de Guillaume, elle posa la main sur le haut de son pantalon et, à travers le fin tissu, souple et légèrement brillant, elle referma ses doigts autour de sa virilité en pleine érection.

– J'ai très envie de faire l'amour… murmura-t-elle dans un souffle, en imprimant un lent mouvement de va-et-vient à son poignet.

La réaction de Guillaume fut si soudaine qu'elle prit Emmanuelle totalement au dépourvu. Il écarta brutalement son bras, avant de la gifler à toute volée, avec un cri de rage.

– Ne me touche pas, espèce de putain ! cria-t-il de cette voix suraiguë qu'il prenait lorsqu'il était en crise. Tu dois me respecter et me craindre, c'est tout ! Tu n'as droit à rien d'autre ! Ton désir me fait horreur, il me dégoûte ! En plus, je suis sûr que tu te fous de ma gueule ! Comme les autres ! Toutes les autres…

Tout en éructant, il continuait de la frapper, partout sur le corps, au hasard, avec de plus en plus de violence. L'idée qu'il allait la battre à mort envahit Emmanuelle, qui ouvrit la bouche pour hurler de terreur.

Mais, au même instant, comme par un enchantement subit, les coups cessèrent. Guillaume se redressa brusquement, tandis qu'Emmanuelle se recroquevillait instinctivement dans la position fœtale.

– Je t'apporterai ton dîner dans une heure et demie, dit-il d'une voix aussi calme que s'il ne s'était rien passé. Repose-toi, d'ici là...

Ce n'est que lorsqu'elle fut de nouveau seule et dans le noir absolu qu'Emmanuelle réalisa qu'il l'avait laissée sur le matelas. Alors, malgré la douleur cuisante des coups qu'elle venait de recevoir, elle sombra presque aussitôt dans un sommeil épais et noir.

Sa dernière pensée consciente fut qu'elle avait complètement échoué dans sa tentative de séduction de son bourreau et que ses projets d'évasion étaient à l'eau. Ou, au moins, remis à une date qui lui semblait désespérément lointaine et improbable...

*

* *

Au moment où il débouchait de l'escalier de la cave, dans le grand hall du manoir, la première chose qu'il vit, au haut des marches du large escalier droit, fut la silhouette immobile de sa mère, très droite dans le fauteuil roulant qu'elle ne quittait que pour dormir, les lèvres pincées en une sorte de moue supérieure et dédaigneuse.

– J'espère que tu n'as pas une fois de plus oublié que je dînais à sept heures et demie précises, Bichon ? dit la vieille infirme, d'une voix étonnamment grave et forte, qui résonna dans le vaste hall, telle une cloche de bronze.

Son fils unique sentit ses poings se crisper involontairement et il les enfouit précipitamment dans ses poches. Il supportait de plus en plus difficilement que sa mère continue, malgré ses demandes répétées, de l'affubler de ce surnom ridicule, venu tout droit de son enfance.

Avec une ironie un peu amère, il se dit que sa situation commençait à s'embrouiller sérieusement – ou plutôt comiquement : à la cave se trouvait une jeune femme qui l'appelait Guillaume et, au premier étage qu'elle n'avait pas quitté depuis douze ans, se tenait une vieille dame qui le nommait Bichon. Chacune ignorant totalement la présence de l'autre sous le même toit qu'elle.

– Non, Maman, je vais tout de suite m'en occuper, ne vous inquiétez pas… soupira-t-il, en se dirigeant vers l'immense cuisine, située à droite de l'escalier. Vous aurez votre plateau à sept heures et demie.

Et, comme quasiment chaque soir, il entendit sa mère grommeler :

– Je me demande bien ce que tu peux faire durant toutes ces heures que tu passes dans les caves…

Il referma derrière lui la porte de la cuisine, en prenant bien soin de ne pas la claquer : sa mère détestait le bruit des portes qui claquent…

Du plus loin qu'il se souvenait, il avait toujours

vécu par et pour sa mère. Bichon il avait été nommé, Bichon il était resté, malgré le temps et les années.

C'était sa punition, son expiation.

Car il était coupable, sa mère ne s'était jamais privée de le lui dire et de le lui répéter.

Antoinette du Ronceaux avait déjà presque trente ans lorsqu'elle avait consenti du bout des lèvres à épouser son père, ce « roturier ». Elle avait marché au mariage comme on marche au supplice. Avec la pleine conscience de se sacrifier pour assurer la survie de sa famille d'aristocrates lorrains, en pleine débandade financière.

De son côté, Serge, son futur époux, n'avait jamais ressenti la moindre attirance physique ni sentimentale pour cette grande fille sèche et au visage anguleux, qui le regardait de haut. Seulement, bien que ses affaires à lui – plusieurs conserveries de fruits et légumes, avec usines un peu partout en France – soient extrêmement florissantes, il lui manquait quelque chose pour être un homme vraiment comblé.

Fils d'un petit maraîcher breton et d'une repasseuse à domicile, il voulait avoir ses entrées dans le grand monde. Même devenu multi-millionnaire, ce rêve de son enfance pauvre ne l'avait pas quitté.

Aussi, lorsque le hasard lui avait fait croiser la route d'Antoinette, la fille aînée du baron du Ronceaux, mais la seule à être encore célibataire, il avait compris qu'elle était sa chance et il ne l'avait pas laissé passer.

C'est pour elle, pour lui offrir un écrin digne de sa haute naissance, qu'il avait acquis le somptueux domaine de l'Ormeraie, entre Chevreuse et Rambouillet : un château Second Empire, bâti sur les restes d'un édifice beaucoup plus ancien, dont il ne subsistait plus que les fondations et les caves, planté au milieu d'un parc de quatre cents hectares clos de murs. C'est là que Serge et Antoinette avaient passé leurs sept années d'une vie conjugale assez morne. Et c'est également là qu'Antoinette vivait depuis la mort de son mari.

Une mort accidentelle dont leur fils était à ses yeux l'unique responsable.

« Bichon » avait six ans, à l'époque. Après la lecture d'un petit roman pour enfant, dans lequel le jeune héros, après la mort de ses parents, décidait de partir à l'aventure sur les routes de France, il s'était mis dans l'idée de faire pareil, mais sans attendre la mort de ses propres parents.

Un jour, après le déjeuner, il avait dit à sa mère qu'il allait jouer dans le parc, et il était parti, droit devant lui, au hasard, le long de la première route qui s'était présentée.

Son père ne l'avait retrouvé qu'à la tombée de la nuit, alors qu'il se rongeait d'angoisse. Apercevant son fils sur une petite route sinueuse, depuis la nationale, Serge avait aussitôt viré à gauche, sans réfléchir, uniquement préoccupé de récupérer enfin son fils. Il s'y était pris tellement fébrilement que le moteur de la Mercedes avait calé, alors que la grosse berline se trouvait en travers de la nationale.

Et dans la trajectoire du camion qui arrivait dans l'autre sens, très vite…

Antoinette n'avait jamais pardonné à son fils la mort brutale de son mari. Depuis, elle la lui faisait payer chaque jour, en faisant peser sur lui la plus implacable des tyrannies. Un joug que « Bichon » acceptait, parce que c'était finalement le seul moyen pour lui d'alléger un peu la terrible culpabilité qui l'oppressait sans relâche.

Après la mort du père, Antoinette, qui n'entendait rigoureusement rien aux affaires, s'était fait gruger par l'associé de son défunt mari ainsi que par le banquier de celui-ci. Elle s'était rapidement retrouvée sans revenu et nantie d'un capital vingt fois moindre que ce à quoi elle aurait pu prétendre. Cet argent leur avait permis de vivoter, jusqu'à ce que « Bichon » entre dans la vie active. Depuis, ils vivaient sur son salaire, tout à fait décent, mais nettement insuffisant pour l'entretien d'une propriété aussi vaste que la leur.

Car Antoinette avait catégoriquement refusé de quitter le domaine de l'Ormeraie, lorsque son fils avait timidement évoqué, quelques années plus tôt, la possibilité d'un déménagement.

– C'est ici que j'ai vécu avec ton père, c'est ici que je demeurerai pour entretenir sa mémoire !

Du coup, le château se délabrait à une vitesse terrifiante, toute l'aile ouest était inutilisable, car les pièces étaient pratiquement à ciel ouvert, depuis l'effondrement partiel du toit, lors de la tempête de 1999.

Le parc était devenu une jungle inextricable, où les grands arbres déracinés par la même funeste tempête s'entrecroisaient et étaient peu à peu recouverts, amalgamés les uns aux autres par les ronces proliférantes.

Parfois, lorsqu'il rentrait le soir, après sa journée de travail, « Bichon » avait l'impression d'être un prisonnier qui, après une autorisation de sortie diurne, est contraint de réintégrer sa geôle pour la nuit.

Sauf qu'avant de pouvoir aller se coucher, il lui fallait encore jouer les esclaves de sa mère. Car Antoinette, sous prétexte d'économies, avait toujours énergiquement refusé que qui que ce soit ne vienne décharger son fils du moindre travail domestique : il devait tout faire tout seul, y compris la toilette de sa mère, devenue à peu près impotente suite à une série de rhumatismes déformants aigus.

Depuis, elle ne quittait plus son fauteuil roulant que pour son lit, cela faisait plus de cinq ans qu'elle n'avait plus bougé du premier étage de l'aile est du château.

Dans l'immense cuisine, à la peinture défraîchie et écaillée, le fils d'Antoinette du Ronceaux s'activait machinalement à préparer le plateau de sa mère, l'esprit ailleurs.

En un sens, il était tout à fait content que personne, jamais, ne pénètre dans le château. Sinon, il n'aurait jamais pu mener son plan à bien.

Pour se distraire, pour avoir un domaine strictement à lui, il avait décidé, quelques années auparavant, d'aménager les trois caves médiévales sur lesquelles reposait une partie du château, et qui étaient enfouies très profondément sous terre.

Habitué depuis son adolescence à se débrouiller sans aucune aide, il avait tout fait tout seul, y compris le prolongement des lignes électriques lui permettant d'avoir accès à Internet, et celui des canalisations d'eau. C'est lui encore qui avait installé le chauffage, afin de pouvoir descendre dans son « royaume » en toute saison.

Un royaume auquel, un an plus tôt, il avait soudain eu envie de donner une reine. Une reine qui serait avant tout son esclave à lui. L'exact inverse de sa mère : non pas une femme tyran, devant laquelle on filait doux, mais une femme soumise, à qui il serait capable d'inspirer du respect, et même – c'était encore plus jouissif – de la terreur.

Cette reine-esclave, il avait tout de suite compris qu'elle était désormais à sa portée, lorsqu'il avait découvert l'étrange univers des blogs.

Il lui avait fallu des mois pour régler son affaire

dans les moindres détails, pour supprimer tous les risques. Et il était très fier d'y être parvenu.

Car « Bichon » en était absolument certain, il n'avait pas la moindre inquiétude à ce sujet.

Son plan était si parfait, que personne ne parviendrait à remonter jusqu'à lui, jamais.

Emmanuelle Le Grais, dite « Barbiscotte » était enchaînée dans les profondeurs de son royaume, totalement à sa merci, soumise à ses moindres caprices.

Et elle y était pour toujours.

CHAPITRE IV

– Drôle d'endroit pour une rencontre… murmura Aimé Brichot dans sa moustache, sans même s'apercevoir qu'il citait un titre de film.

– Surtout pour quelqu'un qui habite près du parc Monceau, renchérit Boris Corentin, en contemplant la rue Watt, à l'entrée de laquelle il venait d'arrêter leur voiture de service, sous une petite pluie fine et froide.

En fin de matinée, ils avaient commencé d'explorer le contenu de l'ordinateur d'Emmanuelle Le Grais, avec l'aide avisée de Géraldine Hébert, beaucoup plus « en pointe » dans ce domaine que ses deux collègues masculins.

– On va déjà fouiner un peu dans les fichiers apparents et immédiatement accessibles, avait décrété Corentin. Ensuite, on refilera le bestiau aux petits génies du service informatique pour qu'ils farfouillent dans ses entrailles invisibles.

La première chose intéressante qu'ils avaient repérée, c'était le répertoire d'Emmanuelle. Il contenait une quinzaine de noms et de numéros de téléphone – dont celui de la fameuse Bénédicte, la meilleure amie de la disparue, dont Mme Le Grais leur avait par ailleurs fourni les coordonnées quelques heures plus tôt, comme son mari s'y était engagé.

Le fichier voisin de ce répertoire était un agenda sur lequel la jeune femme notait ses rendez-vous, ainsi que des bouts de phrases apparemment sans lien entre eux, des projets, des « pensées », etc.

C'est Aimé Brichot le premier qui avait repéré l'indication intéressante, inscrite la veille du jour de la disparition d'Emmanuelle :

Demain – 5 h PM rue Watt
Deuxième pont

– Tu crois que c'est le rencart dont nous a parlé son père, Grand chef ? avait demandé Géraldine.

– Les heures correspondent à peu près, en tout cas, avait répondu ce dernier.

– Puisqu'on a récupéré une photo d'Emmanuelle Le Grais, ça vaudrait le coup d'aller traîner un peu nos guêtres par là, non ? avait suggéré Brichot, immédiatement approuvé par Boris Corentin.

Il avait donc été décidé que les deux hommes iraient enquêter dans le 13ème arrondissement, tandis que

Géraldine Hébert se chargerait de rencontrer Bénédicte Charrière.

– Au cas où elle aurait quelque chose à nous apprendre, elle se sentira certainement plus en confiance avec une femme à peine plus âgée qu'elle qu'avec Mémé ou moi, avait expliqué Corentin à sa jeune coéquipière.

C'est comme ça que, peu avant cinq heures de l'après-midi, Corentin et Brichot se retrouvaient à l'entrée de la rue Watt, sous la pluie.

C'est Boris qui avait tenu à attendre quelques heures avant de venir ici.

– Tu comprends, avait-il expliqué à Géraldine, toujours soucieux de lui enseigner toutes les ficelles du métier, on a plus de chances, parmi les habitués du quartier, de croiser quelqu'un qui a vu Emmanuelle, si on se pointe à la même heure qu'elle : il y a des gens dont les sorties et les retours sont réglés comme par une horloge…

– S'il continue à pleuvoir comme ça, on ne risque pas de voir grand-monde flâner le nez en l'air ! grommela Aimé Brichot, qui détestait la pluie, surtout quand elle se manifestait à la fin du mois de juin.

Au moment où il disait cela, la porte de l'immeuble faisant le coin de la rue s'ouvrit pour laisser sortir un homme d'environ soixante-dix ans, vêtu d'un costume gris, un parapluie dans une main, la poignée d'une laisse dans l'autre.

Boris Corentin ouvrit sa portière, aussitôt imité par

Aimé Brichot. Les deux policiers se dirigèrent vers le vieil homme, dont le chien était descendu dans le caniveau et se mettait en position de faire ce pour quoi on le sortait.

– Pardon, Monsieur, est-ce que nous pouvons vous poser une question ou deux ? l'aborda aimablement Corentin, en lui mettant sous le nez sa plaque de policier. Commandant Boris Corentin, et voici le capitaine Aimé Brichot.

– J'ai toujours ramassé les crottes de mon Swany ! s'insurgea d'emblée le vieil homme en se redressant.

– Non, non, il ne s'agit pas du tout de cela ! se hâta de le rassurer Boris Corentin avec un large sourire. Vous promenez votre charmant petit chien toujours au même moment de la journée ?

– Huit heures, midi, cinq heures, dix heures, qu'il pleuve, qu'il vente ou qu'il neige ! répondit-il avec une légitime fierté dans la voix.

C'était exactement ce qu'espérait Boris Corentin. Il sortit la photo d'Emmanuelle Le Grais et la mit sous le nez de leur interlocuteur :

– Est-ce que, par hasard, il y a quatre jours, à la même heure qu'en ce moment, vous auriez aperçu cette jeune femme, Monsieur… Monsieur ?

– Moulin – M, o, u, l, i, n ! répondit machinalement le vieil homme. François Moulin. Faites voir ça de plus près… Je n'ai plus mes yeux de 20 ans, pardon…

En voyant le visage de François Moulin s'éclairer

d'un sourire presque juvénile, Corentin sut qu'ils venaient de frapper à la bonne porte.

– Mais, oui, bien sûr ! Sacré beau brin de fille, entre parenthèses. Je m'en souviens bien parce qu'elle a eu l'air effrayée par Swany et que j'ai dû lui assurer qu'il n'était pas méchant pour qu'elle ose passer près de lui. Le pauvre ! c'était bien la première fois qu'il faisait peur à quelqu'un, en presque onze ans de vie !

– Est-ce que vous avez vu où elle est allée ensuite ? demanda Aimé Brichot, d'une voix pressante.

– Oh ! elle n'est pas allée bien loin ! Elle s'est arrêtée sous le deuxième pont, là-bas, et elle s'est postée sur le bord du trottoir, comme si elle attendait quelqu'un. De fait, une voiture est arrivée, elle a ouvert la portière et y est montée. L'homme qui conduisait s'est penché vers elle, je suppose pour l'embrasser. Comme je ne voulais pas qu'on me prenne pour un vieillard libidineux et voyeur, j'ai repris ma promenade dans l'autre sens, sans plus m'occuper d'eux.

Aimé Brichot ouvrit la bouche pour poser une question, mais il fut devancé par Boris Corentin :

– Cette voiture… vous n'auriez pas relevé le numéro, par hasard, M. Moulin ?

L'autre le regarda d'un air étonné :

– Et pourquoi est-ce que j'aurais fait une chose pareille, jeune homme ?

Évidemment…

– Est-ce que vous auriez tout de même une idée de quelle voiture il pouvait s'agir ? tenta Aimé Brichot. De sa marque ? De sa couleur ?

Le vieil homme fronça les sourcils et se concentra, avant de répondre, la voix mal assurée :

– Elle était de couleur plutôt claire… Dans les gris, peut-être, mais clair… Pour ce qui est de la marque, je ne sais pas, je les confonds toutes, moi, maintenant. Une petite voiture ronde, je dirais… genre Volkswagen ou Twingo… Ce style-là… Mais c'est sans garantie, hein !

Les deux policiers prirent congé de François Moulin, qui s'éloigna à petit pas, guidé par son chien qui tirait sur sa laisse tant qu'il pouvait.

– Au moins, on sait maintenant qu'Emmanuelle Le Grais connaissait son rendez-vous, puisqu'elle s'est laissé embrasser, fit remarquer Aimé Brichot.

– On ne sait pas si elle s'est laissé embrasser, corrigea Boris Corentin. On sait juste que le conducteur de la voiture s'est penché vers elle, probablement dans ce but – c'est tout. Je te rappelle que, d'après sa mère, Emmanuelle s'est habillée et maquillée avec un soin particulier, et qu'elle a dit qu'elle rentrerait *peut-être* tard. Par conséquent, il semblerait bien qu'il se soit agi d'un premier rendez-vous.

– Et l'autre lui aurait sauté dessus, comme ça, d'emblée ? s'étonna Brichot, la mine sceptique.

– Mais on n'est pas sûr qu'il lui ait sauté dessus, voyons ! C'est juste ce qu'a cru voir François Moulin, alors même qu'il reconnaît ne plus avoir « ses yeux de vingt ans », pour reprendre son expression.

– Bref, on est à peine plus avancé… soupira Aimé Brichot, tandis qu'ils remontaient dans leur voiture de service.

– Espérons que Géraldine aura eu plus de chance, répondit Corentin en mettant le contact.

*
* *

– J'étais en train de me préparer un thé à la bergamote : je vous en sers une tasse ?

Géraldine Hébert faillit répondre qu'elle n'était guère amateur de thé, et encore moins à la bergamote. Mais cela aurait risqué de froisser Bénédicte Charrière, chez qui elle venait d'entrer, et ce n'était pas un risque à courir, si elle voulait établir un climat de confiance.

– Oui, avec plaisir, répondit-elle, avec un sourire qui fit apparaître la petite fossette de sa joue droite.

– Installez-vous, dans le canapé, je reviens tout de suite, dit Bénédicte, en tournant les talons, pour se diriger vers la minuscule cuisine attenante au studio qu'elle occupait, dans un immeuble moderne de la porte de Champerret.

Malgré les deux fenêtres fermées, on percevait le grondement sourd et régulier du périphérique tout proche.

Depuis le canapé où elle avait pris place, Géraldine pouvait voir, dans la cuisine, Bénédicte s'affairer à la préparation du thé. Lorsque l'étudiante en histoire lui avait ouvert la porte, elle avait été agréablement surprise de découvrir une superbe fille brune, au teint pâle, aux grands yeux noirs, à la bouche sensuelle quoiqu'un peu boudeuse. Elle avait peut-être quelques kilos en trop, mais elle les portait parfaitement.

Et, à présent, la contemplant de dos, Géraldine trouvait que, côté pile, elle les portait tout aussi bien, notamment au niveau de sa croupe rebondie et supérieurement galbée.

De son œil averti de « féminophile », comme elle aimait à se qualifier, Géraldine avait tout de suite remarqué que de nombreuses photos de filles ornaient les murs du studio. Certaines très sages, mais d'autres nettement plus audacieuses et troublantes…

– C'est vous qui les avez faites ? demanda-t-elle, en désignant les murs d'un geste vague de la main, lorsque Bénédicte Charrière revint, un plateau entre les mains.

– Oui, elles vous plaisent ? demanda la belle brune en se penchant pour servir le thé, ce qui offrit à Géraldine une vision assez émoustillante sur deux seins volumineux et fermes, à la peau laiteuse.

– Beaucoup, oui. Elles sont très belles, et d'une grande sensualité, je trouve…

Géraldine fut un peu surprise de voir les joues de Bénédicte se colorer légèrement.

– Je n'arrive pas à photographier les hommes… crut bon de se justifier la jeune femme. Je ne sais pas trop pourquoi, d'ailleurs…

– Peut-être parce qu'ils vous touchent moins que les femmes… à titre personnel, je veux dire… risqua Géraldine, dans un murmure.

En voyant Bénédicte devenir écarlate, elle sut qu'elle avait touché juste : si la jeune femme qui lui faisait face sans plus oser la regarder n'était pas, elle aussi, féminophile, c'était rudement bien imité !

– Venez vous asseoir près de moi… l'invita-t-elle d'une voix caressante, en tapotant le canapé du plat de la paume. Il serait temps que nous bavardions un peu, toute les deux.

Domptée, oubliant totalement de remplir les deux tasses qui attendaient sur le plateau, Bénédicte obéit, mais toujours sans oser affronter le regard de la jeune policière qui avait fait irruption chez elle.

Elle frissonna lorsque Géraldine posa sa main sur son avant-bras nu, mais ne fit rien pour se soustraire à ce contact.

– Comme je vous l'ai dit au téléphone, tout à l'heure, j'ai besoin que vous me parliez de votre amie Emmanuelle. Emmanuelle Le Grais…

Enfin, Bénédicte Charrière parvint à tourner la tête vers elle et à plonger son regard sombre dans celui, émeraude, de Géraldine Hébert :

– Et si vous commenciez par me dire ce que vous lui voulez, à Emmanuelle ? demanda-t-elle, d'une voix mal assurée. Ne me dites pas qu'elle a fait quelque chose de répréhensible, je ne vous croirai pas !

Lorsque Géraldine avait demandé à Corentin si elle devait dire la vérité à Bénédicte, ce dernier avait botté en touche avec un petit sourire en coin :

– Tu y vas au feeling, Petit bonhomme ! Tu décideras en fonction des circonstances, de l'ambiance, ce genre de choses. Je te fais confiance…

Forte de l'espèce de climat vaguement érotique qui venait de s'installer entre elles, Géraldine décida de jouer cartes sur table avec Bénédicte.

– Votre amie Emmanuelle a disparu de chez elle depuis trois jours et personne ne sait où elle est – en tout cas, pas ses parents, débita-t-elle sur un ton neutre.

Bénédicte eut un léger sursaut du buste, ce qui fit frissonner ses seins lourds :

– Trois jours ? Mais c'est impossible, voyons ! Et vous pensez que, moi, je saurais où elle se trouve ? Eh bien ! détrompez-vous, je n'en sais rien ! rien du tout !

– C'est en tout cas ce que vous avez répondu à sa mère lorsqu'elle vous a téléphoné, le lendemain de sa disparition, poursuivit Géraldine, d'un ton parfaitement calme. Seulement, depuis, trois jours se sont écoulés et la situation commence à devenir… disons préoccupante, vous ne trouvez pas ?

Soudain, elle vit deux grosses larmes apparaître au bord des yeux de Bénédicte.

– Mais où est-ce qu'elle peut bien être ? balbutia-t-elle dans un souffle. C'est pas possible, ça ! Trois jours… j'arrive pas à le croire…

Géraldine décida de franchir un nouveau palier. Elle passa carrément son bras autour des épaules de sa voisine.

– Bénédicte, si tu sais quelque chose, il faut me le dire, murmura-t-elle d'une voix douce, persuasive. Dans l'intérêt d'Emmanuelle. On est entre filles, ça restera entre nous, je te le promets…

Cette fois, comme vaincue par le ton mi-caressant, mi-protecteur de Géraldine, Bénédicte se mit à pleurer franchement. Elle se laissa naturellement aller dans les bras de la rouquine, qui ressentit un petit pincement au cœur en sentant la masse élastique d'une poitrine ferme s'écraser contre la sienne.

Géraldine se mit à caresser d'une main l'épaisse chevelure noire, cependant que, de l'autre, elle maintenait le buste de Bénédicte pressé contre le sien.

Soudain, la jeune étudiante s'écarta légèrement et leva son visage baigné de larmes vers le sien. Sans trop savoir comment, avant même d'avoir eu conscience de c e qu'elle faisait, Géraldine se retrouva avec ses lèvres plaquées sur celles de Bénédicte. Qui lui rendit son baiser avec une sorte de timidité, de pudeur même, qui acheva le mettre le feu à l'esprit et au corps de Géraldine.

Lorsque la main de cette dernière se posa sur sa cuisse dénudée, Bénédicte ne fit rien pour la repousser. Au contraire, elle écarta légèrement les genoux – comme pour lui signifier que la voie était libre…

Géraldine dut faire un violent effort sur elle-même pour ne pas se jeter comme une affamée sur ce corps qui s'offrait avec une telle ingénuité. Pour y parvenir, elle dut convoquer les visages de Liselotte Faarup, sa compagne danoise, et de Boris Corentin, son supérieur hiérarchique direct. Boris qui, un jour, lui avait déclaré tout à trac :

– Tu as parfaitement le droit de coucher avec une fille rencontrée pour les besoins d'une enquête. Mais seulement APRÈS qu'elle t'a dit ce que tu avais besoin de savoir ! Le boulot d'abord, toujours…

Bénédicte eut l'air un peu déçu lorsque Géraldine la désenlaça. Elle posa sur elle un regard mi-interrogateur, mi-aguicheur tout à fait irrésistible.

– Plus tard, peut-être… murmura Géraldine, le souffle court et le feu aux joues. Il faut qu'on parle, ma chérie. Il faut que tu me parles…

– D'Emma, je suppose ? murmura Bénédicte, en laissant aller sa tête contre l'épaule de la jeune policière et en glissant sa main sous la sienne. Qu'est-ce que tu veux que je t'en dise ?

– D'abord, et ne le prends surtout pas mal, j'ai besoin de savoir si Emmanuelle ne t'a *réellement* rien dit, ne t'a confié aucun secret particulier.

– Rien du tout, parole !

– Bon, je te crois. Est-ce que tu sais où elle en était sur le plan sentimental, ces derniers temps ? voulut savoir Géraldine. Je veux dire : est-ce qu'elle avait un nouveau mec en vue, depuis sa précédente rupture ?

– Dis donc, vous en savez des choses sur elle, chez les flics ! fit Bénédicte avec un pâle sourire. Non, elle n'avait personne en vue. En tout cas, elle ne m'a rien dit...

Elle resta silencieuse une seconde ou deux, puis, avec un léger haussement d'épaules, ajouta :

– Oui, bon, il y avait bien ce Guillaume, là, avec qui elle flirtouillait vaguement par l'intermédiaire de leurs blogs, mais je ne vois...

– Emmanuelle a un blog ? l'interrompit Géraldine, avec un petit sursaut.

– Ben oui... Ça n'a rien d'extraordinaire de nos jours, tu sais ! Elle y passe même un temps fou. Au moins deux à trois heures par jour, c'est devenu une vraie maladie, en quelques mois. Elle est accro, quoi !

Du coup, Géraldine avait complètement oublié le désir qui, quelques minutes plus tôt l'avait jetée dans les bras de Bénédicte. De désir, elle n'en avait plus qu'un.

Celui d'aller faire au plus vite un tour sur le blog d'Emmanuel Le Grais.

Chapitre V

– Dites voir, Mamzelle Géraldine : vous avez rien de plus dansant comme musique ? Pour l'ambiance, c'est un peu plombant, votre truc, là…

Géraldine Hébert leva les yeux de son clavier d'ordinateur et regarda avec un petit sourire ironique Jonathan Kepler qui venait de surgir de la cuisine, les reins ceints d'un tablier blanc et bleu.

– Plombant, le quintette avec piano de Brahms ? Décidément, mon pauvre Jonathan, tu as autant d'oreille que le lavabo de la salle de bain !

Le jeune homme blond, au front barré d'une lourde mèche sans cesse retombant, ne se formalisa pas du jugement de Géraldine. Il haussa les épaules :

– N'empêche qu'un bon vieux R' n' B' de derrière les écouteurs, ça chalouperait quand même un peu plus que vos cinq culs serrés en costard de pingouin…

– À part ces considérations mélomaniaques, tu avais quelque chose à me demander ? voulut savoir

Géraldine, qui avait hâte de revenir à internet.

– Oui, c'est vrai. C'est rapport aux asperges : je me demandais si ce serait pas mieux une petite mousseline légère, plutôt qu'une mayo. Je dis ça, parce que, après, le gigot de sept heures et les pommes sarladaises qui vont avec, c'est quand même du lourd…

– Fais comme tu le sens : dans *ma* cuisine, c'est *toi* le chef ! trancha Géraldine, qui s'en fichait complètement. Au fait, comment ça se fait que Jamila ne soit pas là ? Elle ne te lâche pas d'une semelle, d'habitude : vous ne vous êtes pas engueulés, j'espère ?

– Non, non, elle devait aller au pressing pour y porter je ne sais quoi et…

À ce moment, il y eut un coup de sonnette bref, puis la porte de l'appartement s'ouvrit et Jamila Lakhdar fit son entrée, la démarche légère et le sourire éclatant.

C'était une gamine de 16 ans, au corps mince et à la beauté fortement métissée. Ce qui n'avait rien d'étonnant puisqu'elle était mi-tunisienne par son père, mi-guadeloupéenne par sa mère.

De fait, son visage avait plus ou moins les caractéristiques morphologiques de celui d'une Noire, mais sa peau était nettement plus pâle, et elle avait en outre d'étonnants yeux d'un vert très clair.

Elle s'appelait Jamila mais, lorsque Aimé Brichot et Géraldine avaient été amenés à la rencontrer, pour les besoins d'une enquête[1], l'adolescente se prostituait

1. Voir le Brigade mondaine N° 272 : *Princesse vaudou.*

dans un squat du 19ème arrondissement, sous le sobriquet, douteux mais fortement explicite, de Pipette…

Rendue par la police à son tuteur légal, un oncle qui n'en avait rien à faire, elle s'était aussitôt tirée de chez lui pour revenir vers la seule personne qui s'était montrée gentille et compréhensive avec elle : Géraldine Hébert.

Et, du coup, Jonathan Kepler, qui venait lui-même de s'installer dans le quartier, pour être plus près de sa « future épouse », à savoir Géraldine, avait pris la gamine sous sa protection et l'avait installée dans sa « piaule merdique », *dixit* lui-même. Un arrangement qui semblait, jusqu'à présent, satisfaire toutes les parties en présence – et notamment Géraldine, qui voyait les ardeurs nuptiales de Jonathan se détourner de sa propre personne.

L'adolescente se dirigea d'abord vers Géraldine, lui entoura les épaules de ses bras gentiment potelés et lui plaqua deux bises sonores sur les joues. Puis, elle vint se lover contre le corps un peu maigre de Jonathan et ils échangèrent un long baiser passionné, comme s'ils ne s'étaient pas vus depuis au moins une semaine.

– Un seau d'eau pour séparer ces bêtes ! plaisanta Géraldine, attendrie par la fougue amoureuse de Jamila.

Celle-ci s'écarta enfin du jeune homme et sourit à la maîtresse de maison :

– C'est Monsieur Corentin qui vient dîner chez vous tout à l'heure ?

Elle savait bien que quand Géraldine Hébert faisait appel aux services de Jonathan Kepler, fou de cuisine et de gastronomie, c'était parce qu'elle attendait du monde.

– Je te trouve bien curieuse ! la rembarra gentiment Géraldine. Et, non, Boris n'est pas de la fête, pour une fois. Il se trouve que ma vieille copine Justine Sandillon, qui vit maintenant à Bordeaux avec son mec, est de passage à Paris pour vingt-quatre heures, et que je les ai invités tous les deux à dîner. Voilà.

– Elle est flic aussi ? s'enquit Jamila. Je veux dire : votre copine Justine.

– Jean-François, son mec, oui, répondit Géraldine. Mais elle, elle est journaliste.

Jonathan, qui commençait à marquer des signes d'impatience, intervint alors que Jamila ouvrait la bouche pour poser une nouvelle question :

– Dis, tu ne veux pas venir avec moi en cuisine, là ? J'aurais besoin de ton aide…

– Oui, bonne idée ! fit rapidement Géraldine, qui avait hâte de pouvoir se replonger dans ce qu'elle faisait avant l'irruption de son « chef ». Va donc donner un coup de main à ton homme, au lieu de m'assommer de questions !

Dès que les deux jeunes eurent quitté la grande pièce, qui servait tout à la fois de bureau, salle à manger et salon, Géraldine put s'intéresser de nouveau à ce qu'elle étudiait depuis environ une heure.

À savoir le blog d'Emmanuelle Le Grais, dont Bénédicte Charrière lui avait communiqué l'adresse électronique. Elle avait été un peu surprise du pseudo choisi par l'étudiante en histoire : Barbiscotte, qu'elle trouvait un peu « ado » pour une fille de 23 ans.

Dans un coin de sa tête, une petite voix disait à Géraldine Hébert que, découvrant l'existence du blog de la disparue, elle aurait dû aussitôt en avertir Boris Corentin. Mais elle n'avait pas pu résister à l'envie d'aller y voir avant.

Avec l'idée que, peut-être, elle allait y découvrir un élément déterminant pour leur enquête et l'apporter sur un plateau à son « Grand chef ».

Elle avait commencé à lire le blog depuis son début, un an auparavant, et n'avait pas été longue à tomber sur les commentaires du fameux Guillaume, dont lui avait parlé Bénédicte. Effectivement, à mesure qu'on se rapprochait du temps présent, ceux-ci devenaient de plus en plus personnels, intimes, prenaient les allures assez nettes d'une sorte de « flirt électronique ».

Un flirt qu'Emmanuelle Le Grais, alias Barbiscotte, ne faisait rien pour décourager, à en juger par ses « commentaires de commentaires »...

À travers les nombreux et copieux messages rédigés par Emmanuelle sur son blog, au fil des mois, se dessinait d'elle le portrait d'une jeune fille intelligente, plutôt drôle, avec des pointes d'impertinence, pas mal de jugeote – et apparemment très bien dans sa peau.

L'idée que Géraldine pouvait se faire de son interlocuteur privilégié, Guillaume, était assez positive également. Comme il était en « lien » chez Emmanuelle, elle était allée faire un tour rapide sur le blog personnel du jeune homme, qui s'appelait « Dans mon sac ! ». Lui aussi avait l'air tout à fait sain, pas idiot du tout, bien dans ses baskets.

Seulement, dans tout ce que Géraldine avait lu jusqu'à maintenant, il n'y avait nulle trace d'un quelconque rendez-vous entre les deux blogueurs.

Tout en continuant à passer d'un texte à l'autre, à l'aide de la « souris », Géraldine se dit que la conversation devenant plus personnelle, plus privée, Emmanuelle et Guillaume avaient peut-être éprouvé le besoin de la poursuivre par e-mails, de façon à ce que personne d'autre qu'eux ne puisse venir s'y immiscer.

Sauf que, lorsque Boris Corentin et elle avaient ouvert la boîte mail de l'ordinateur d'Emmanuelle, ils n'avaient trouvé aucun message adressé à Guillaume, ou venant de lui. Peut-être, pour plus de discrétion, la jeune femme les avait-elle détruits. Auquel cas, ce serait aux spécialistes du service informatique du quai des Orfèvres d'aller les récupérer dans les entrailles de l'appareil, si c'était possible.

Géraldine Hébert en était là de ses réflexions,

lorsque la porte de la salle de bain s'ouvrit. Pour laisser apparaître, environnée par un nuage de vapeur, une jeune femme blonde et élancée, intégralement nue.

Liselotte Faarup, son amante en titre, rencontrée dans des circonstances plutôt dramatiques[1], et installée chez elle depuis déjà quelques mois.

– T'es folle de te balader à poil ! Je te signale que Jonathan est dans la cuisine…

Géraldine avait protesté mollement, plus pour la forme qu'autre chose. Elle savait qu'en bonne Scandinave, Liselotte considérait la nudité comme quelque chose de parfaitement naturel, allant de soi.

De fait, elle se contenta de hausser les épaules avec un petit sourire, ce qui fit frissonner ses seins splendides, aux aréoles d'un rose très pâle qui bouleversait Géraldine à chaque fois qu'elle y posait son regard.

C'est-à-dire souvent…

– Tes amis ne sont pas encore arrivés ? s'enquit Liselotte, avec son irrésistible pointe d'accent danois.

– Encore heureux, vu ta tenue ! répliqua tendrement Géraldine, en lui enlaçant la taille, alors que la blonde passait à sa portée.

Elle laissa sa main descendre jusqu'au galbe parfait de la croupe ronde, provoquant un petit gloussement chez sa compagne.

1. Voir le Brigade mondaine N° 275 : *Traquenard pour femmes seules*.

– Je croyais que Jonathan était à la cuisine ? fit Liselotte, avec un peu de moquerie.

– Oh ! bon, ça va ! soupira Géraldine. Tu t'arranges toujours pour avoir le dernier mot, c'est énervant, des fois…

– Je vais m'habiller, souffla la Danoise à son oreille, avant de disparaître dans la chambre.

Elle n'en avait pas encore tout à fait refermé la porte que la sonnette de l'entrée retentit. Géraldine quitta son bureau pour aller ouvrir. Son visage rosit de plaisir en découvrant son amie Justine sur le paillasson.

Les deux jeunes femmes s'embrassèrent, en s'assurant mutuellement du plaisir qu'elles avaient à se revoir, ce qui se lisait sur leurs visages.

– Jean-François n'est pas là ? s'inquiéta Géraldine, en jetant un coup d'œil dans l'escalier.

– Il essaie de garer la voiture, répondit Justine. Ça devient infernal, ce quartier. Comme j'en avais marre de l'entendre râler – tu le connais… – je lui ai demandé de me laisser à ta porte et de continuer à chercher tout seul !

La porte de la cuisine s'ouvrit, et la tête de Jamila passa par l'ouverture. Elle n'avait évidemment pas pu résister à la curiosité de voir à quoi pouvait ressembler la meilleure amie de « Mademoiselle Géraldine »…

Les yeux de l'adolescente s'écarquillèrent de stupeur, tandis qu'ils passaient rapidement de l'une à l'autre.

– Waoh ! c'est complètement ouf ! s'exclama-t-elle, en sortant rapidement de la cuisine. On dirait deux frangines ! Quasiment des jumelles, même !

Géraldine et Justine échangèrent un petit sourire complice. C'est un refrain qu'elles connaissaient par cœur, depuis une dizaine d'années qu'elles étaient amies. Et il fallait bien reconnaître qu'il était amplement justifié.

Rousses et frisées toutes les deux, elles avaient également le même petit nez retroussé et à peu près la même quantité de taches de rousseur sur les pommettes. Justine avait un ou deux centimètres de moins que Géraldine et était un peu plus ronde, mais, à part cela, l'exclamation de Jamila n'était pas exagérée : on aurait vraiment dit des jumelles, impression renforcée par le fait qu'elles avaient le même âge.

– On s'en jette un petit entre filles ? proposa Géraldine, en entraînant sa sœur vers le salon, cependant que Jamila réintégrait la cuisine où officiait son homme. Tu carbures toujours au whisky ?

– Je carbure, je carbure : n'exagère pas ! Je ne suis pas la vieille pochtronne que tu imagines !

Alors qu'elle s'apprêtait à s'asseoir dans le profond canapé, Justine avisa sur le bureau le i-Mac G 5 flambant neuf :

– Eh ! dis ! tu ne te refuses rien ! s'exclama-t-elle en s'approchant de l'ordinateur étonnamment plat. C'est pas du matos de pédé, ça !

– Quelle classe ! quelle élégance ! soupira Géraldine, parodiant Aimé Brichot. Pour l'ordi, c'est le cadeau de mes parents, à Noël dernier. Je dois dire qu'ils ne se sont pas foutus de ma gueule…

– Ah ! tu peux parler, à propos d'élégance et de classe ! fit Justine en riant.

Elle jeta un coup d'œil à ce qui était affiché à l'écran :

– Tiens, tu fréquentes les blogs, toi ?

– C'est professionnel, répondit Géraldine. Cela dit, ça m'arrive, oui. J'en connais trois ou quatre qui sont assez drôles et j'aime bien y faire un tour de temps en temps.

– Professionnel ? releva Justine, l'air émoustillé. Tu veux dire que c'est pour une enquête en cours ? On peut en savoir un peu plus ou c'est classé secret défense ?

La journaliste était en train de reprendre le dessus, chez Justine Sandillon…

Même si, en principe, elle aurait dû garder le silence, Géraldine fit à son amie un rapide résumé de l'affaire Emmanuel Le Grais.

– Et ça, c'est son blog, donc… fit Justine, en s'asseyant carrément devant l'ordinateur.

– Oui, j'étais en train de le passer au peigne fin, quand tu es arrivée, notamment tout ce qui concerne les dialogues avec ce Guillaume, qui est pour l'instant la piste la plus intéressante. Mais ça n'a pas donné grand chose, je dois dire.

Géraldine resservit un whisky à Justine et se versa à elle-même un verre de Pouilly fumé.

– Il va falloir que j'attende demain, et essayer de farfouiller dans son ordinateur perso, voir s'ils n'ont pas échangé des mails en direct. D'ici là, je suis coincée…

Justine releva la tête vers son amie, ses yeux pétillaient d'excitation.

– Il y aurait peut-être moyen de ne pas avoir à attendre demain matin… murmura-t-elle d'un ton rêveur. Je me demande s'il est toujours en poste là-bas…

– Mais de quoi tu parles, au juste ? demanda Géraldine. Ou de qui, plus exactement ?

– De William Desportes, un séminariste de mes amis, répondit Justine, en sortant son téléphone portable et un petit agenda de cuir rouge.

– Tu as des amis séminaristes, toi ? fit Géraldine, assez franchement incrédule.

– Non, juste celui-là. Je l'ai connu quand je bossais avec le père Jérémie, que tu as rencontré récemment, je crois me souvenir[1]. Willliam Desportes, en plus d'être un homme d'Église, est un vrai petit génie en informatique. Il passe sa vie dans les ordinateurs. Je me demande même s'il n'y a pas une part de sublimation sexuelle dans tout ça…

– Oh ! Justine, voyons !

1. Voir le Brigade mondaine N° 272 : *Princesse vaudou.*

– Ben quoi : tu crois que ça bande jamais, un séminariste ? Tu veux qu'on l'appelle et qu'on lui demande s'il peut localiser le ou les ordinateurs d'où ton Guillaume conversait avec Emmanuelle Le Grais ?

– Tu crois qu'il pourrait faire ça ? demanda Géraldine, d'un air de doute.

– J'en suis à peu près persuadée : je l'ai vu faire des trucs bien plus compliqués que ça. Le tout, c'est qu'il soit encore au numéro que je possède depuis plusieurs années, conclut Justine en composant rapidement le numéro en question sur son téléphone gris clair. Quelqu'un décrocha entre la troisième et la quatrième sonnerie.

– William ? C'est vous ? fit Justine, toute joyeuse. Devinez qui vous parle… Ah ! c'est gentil de vous souvenir de ma voix, vraiment ! J'aurais une petite chose à vous demander, trois fois rien. Voilà, il s'agirait de…

Deux coups de sonnettes brefs retentirent et Géraldine quitta la pièce pour aller ouvrir. En supposant qu'il devait s'agir de Jean-François Loisel, le compagnon de Justine, lieutenant de police de son état – ou plutôt capitaine, puisqu'il venait tout juste d'être promu.

Justine et lui avaient vécu trois ans ensemble, puis s'étaient séparés durant quelques années, mais en restant très proches l'un de l'autre. Et, finalement, lorsque le lieutenant Loisel avait obtenu sa mutation pour Bordeaux et qu'il avait demandé à Justine de reprendre la vie commune avec lui, elle avait craqué et avait dit oui.

Géraldine ouvrit la porte. C'était effectivement Jean-François, avec son éternelle figure longue comme un jour sans pain, dont l'expression oscillait le plus souvent entre l'abattement et la mauvaise humeur, ce qui le faisait plus ou moins ressembler au comédien Jean-Pierre Bacri, mais en plus jeune et moins dégarni.

Pour le moment, la mauvaise humeur semblait l'emporter sur l'abattement.

– Purée ! j'y crois pas ! tu sais combien de temps j'ai mis avant de trouver une place libre ? Et à douze kilomètres d'ici, encore ? Mais c'est devenu n'importe quoi, cette ville ! À part ça, ça va, toi ? Elle est où Justine ?

– Au téléphone, avec un certain William Desportes, séminariste… répondit Géraldine, avec un petit sourire en coin, tout en refermant la porte.

La mine de Jean-François Loisel s'allongea encore, tandis qu'il levait les yeux au plafond :

– C'est pas vrai, pas lui ! Ne me dis pas que ça va recommencer, les embrouilles !

– Non, non, c'est pour moi, s'empressa de rectifier Géraldine. À cause d'une enquête sur laquelle je suis…

Loisel la toisa d'un œil vaguement réprobateur :

– Et tu es sûre que Môssieur Corentin, le Grand Manitou de la Police parisienne, apprécierait que tu parles d'une enquête en cours à une journaliste fouineuse comme quatre ?

Du temps où il était au quai des Orfèvres, Jean-François Loisel n'avait jamais beaucoup aimé Boris Corentin, qu'il trouvait « hâbleur », selon sa propre expression.

– Ce n'est pas « une » journaliste, c'est Justine ! trancha Géraldine, d'un ton un peu plus sec.

Elle n'aimait pas beaucoup qu'on se moque de son « Grand chef »…

Lorsque Jean-François et elle pénétrèrent dans la pièce principale, Justine était en train de remettre son portable dans la poche de son blouson.

– C'est OK ! claironna-t-elle, avec un grand sourire. Ce brave William s'est fait un peu tirer l'oreille, sous prétexte que c'est une affaire de vie privée…

– Il a pas tort… bougonna Jean-François Loisel, en finissant de dépiauter le Carambar qu'il avait sorti de sa poche.

– Mais finalement il a cédé quand je lui ai fait ma voix de pouffe séductrice *number one*, termina Justine, en ignorant l'interruption de son homme.

– Affoler un homme d'Église ! T'as vraiment honte de rien ! fit Géraldine, sans pouvoir s'empêcher de sourire du culot de son amie, qui l'avait toujours fascinée.

– Bref, il m'a dit : « Je vais voir ce que je peux faire. » Ce qui, chez lui, signifie : « Je vous rappelle d'ici un quart d'heure, une fois le problème réglé. »

Géraldine se tourna vers Jean-François, qui, drapé dans son silence, semblait désapprouver hautement l'initiative de sa turbulente compagne :

– Je vous sers un verre de quelque chose, capitaine ? Histoire de fêter votre promo ? C'est que je ne vais même plus oser vous tutoyer, maintenant !

– Charrie pas, Géraldine, charrie pas ! bougonna Loisel, une petite lueur amusée au fond de son œil sombre. Pour ce qui est du verre, il serait plus prudent que je m'abstienne : mes aigreurs d'estomac m'ont repris, depuis quelques jours, et je...

– Tu n'as qu'à arrêter de te bourrer de Carambar, sous prétexte que tu as laissé tomber la cigarette il y a six ans ! intervint péremptoirement Justine. Allez, prends un verre et arrête de nous les briser menues !

– Bon, ben, un whisky, alors... soupira Jean-François, sans paraître se formaliser de la manière dont sa « douce et tendre » venait de lui parler, et capitulant en rase campagne sans le moindre atermoiement.

Il s'écoula exactement treize minutes avant que ne retentisse la sonnerie du portable de Justine Sandillon.

– William ? Alors, vous avez fait bonne pêche ? Waoh ! super ! Vous êtes un génie ! Attendez, attendez, je prends de quoi écrire…

Coinçant le minuscule téléphone entre son oreille et son épaule, Justine tira de ses poches un calepin vert fluo et un feutre noir, avec une dextérité qui trahissait la vraie pro de la prise de notes rapide.

– Allez-y, je vous écoute… Oui… Où ça ? À Neuilly ? Bon, parfait. Ecoutez, William, je ne sais pas trop comment, mais je vous assure que je vous revaudrai ça ! Oui, je tâcherai de passer vous voir à notre retour d'Amsterdam dans quatre jours… Oui, il va bien. Il est à côté de moi et il vous salue. D'accord, au revoir, William !

– Alors ? fit Géraldine, qui se sentait de plus en plus impatiente.

– Alors, il est allé sur le blog de ta disparue et, grâce aux adresses IP[1], il a pu déterminer que les messages de ton Guillaume partaient de deux ordinateurs différents. L'un est situé dans un immeuble de la rue Boulle, derrière la Bastille, l'autre appartient à une entreprise de Neuilly dont j'ai noté le nom et l'adresse. Mais, pour le second, il n'a pas pu être plus précis, car le serveur central de cette compagnie possède apparemment des « pare-feu » très puissants.

– C'est génial ! s'exclama Géraldine, en battant presque des mains. Il ne reste plus qu'à établir la liste

1. L'adresse IP (pour *Internet Protocol*) est une suite de 4 ou 6 nombres, compris entre 0 et 255, permettant d'identifier chaque ordinateur connecté à Internet.

des habitants de l'immeuble de la rue Boulle et de…

– Pas la peine, ma vieille ! l'interrompit Justine, d'une voix presque aussi excitée que celle de son amie. Figure-toi que William, comme je m'en doutais, s'est pris au jeu et qu'il est également allé farfouiller dans les fichiers de la Poste, afin d'y trouver la liste dont tu parles…

– Et alors ?

– Alors, au deuxième étage – « face escalier », comme ils disent, est logé un certain Guillaume Tourain.

– Merde ! c'est lui, c'est « mon » Guillaume ! s'exclama Géraldine, rouge d'excitation. Il donne son nom sur son blog, c'est bien lui !

Elle se laissa retomber dans le canapé d'où elle venait de jaillir tel un ressort.

Elle avait hâte d'être à demain, au quai des Orfèvres : Boris Corentin allait être content du boulot abattu par son « Petit bonhomme »…

*

* *

Eh bien, non, Boris Corentin n'était pas content du tout. Cela faisait même presque dix minutes qu'il lui passait un savon, au Petit bonhomme, dans le bureau des Affaires recommandées.

– Mettre une journaliste dans la confidence, et de ta

propre initiative, c'est vraiment n'importe quoi ! était-il en train de gronder, en arpentant la pièce à grandes enjambées. Et, en plus, demander à ce simili-prêtre de faire pour toi un truc complètement illégal ! Tu te rends compte du raffut si ça venait à se savoir ? Ah ! je vois déjà les titres dans les journaux et la tête de Baba, tiens ! Tu peux être fière de toi, vraiment ! Tu t'es conduite comme une gamine irresponsable !

Géraldine Hébert se sentait au bord des larmes et elle faisait des efforts désespérés pour ne pas éclater en sanglots. N'aurait plus manqué que ça, tiens…

Pour ne rien arranger, elle se sentait nauséeuse et migraineuse depuis qu'elle avait posé le pied hors de son lit. À force d'écluser des petits verres avec Justine, en se rappelant le bon vieux temps, n'est-ce pas…

– Je ne dis pas que l'initiative ait été très heureuse, bien sûr, mais elle va peut-être nous faire gagner un temps précieux… intervint alors Aimé Brichot, prudemment planqué derrière son ordinateur.

– C'est ça, prends sa défense, toi, maintenant ! éclata Boris Corentin, sur un ton ulcéré.

Aimé Brichot fit discrètement un petit geste d'apaisement en direction de Géraldine. Qui voulait dire quelque chose comme : *« Laissons passer l'orage, il finira bien par se calmer tout seul, je le connais. »*

Effectivement, après encore trois ou quatre aller-retour rageurs d'un bout à l'autre de la pièce, Boris

Corentin se planta devant les deux autres, qui ne mouftaient plus.

– Bon, maintenant que la connerie est faite, essayons d'en tirer parti, dit-il d'une voix redevenue plus calme.

Géraldine Hébert eut l'impression qu'on lui ôtait un poids de vingt kilos de sur la poitrine.

– Cette entreprise de Neuilly, c'est quoi au juste ?

– Une grosse boîte d'assurance, située le long de l'avenue Charles-de-Gaulle, à peu près au métro Sablons, répondit Géraldine avec empressement.

Elle avait hâte de rentrer dans les papiers du « Grand chef ». Et, en même temps, elle s'en voulait un peu de cette espèce de servilité dont elle faisait preuve en ce moment.

Aimé Brichot était déjà en train de chercher le téléphone de l'entreprise en question, sur internet. Lorsqu'il l'eut, il décrocha son téléphone :

– Bonjour, Mademoiselle : je souhaiterais parler à M. Guillaume Tourain, mais je ne me souviens plus de son numéro de poste…

Il raccrocha presque aussitôt, avec une certaine précipitation et se tourna vers Corentin :

– On m'a répondu : « Ne quittez pas, je vais vous passer son bureau. »

– Donc, il travaille bien là, conclut Boris, en se remettant à arpenter la pièce. Il va falloir inspecter la boîte mail d'Emmanuelle Le Grais, afin de voir s'il ne s'y trouve pas des messages de Guillaume Tourain.

– C'est ce que j'ai fait en arrivant, intervint Aimé Brichot, en lissant machinalement sa moustache. Il n'y a que dalle.

– Elle peut les avoir détruits, fit observer Géraldine, auquel cas, les gars du service informatique doivent pouvoir en retrouver la trace dans la mémoire cachée de l'ordi.

– Très bien. Préviens-les qu'ils viennent chercher l'appareil, Petit bonhomme…

Géraldine sentit son cœur bondir dans sa poitrine : Boris l'avait appelée Petit bonhomme, elle était pardonnée !

– Je pense qu'il serait temps qu'on aille faire une petite visite à ce Guillaume Tourain, décida Corentin. Ne serait-ce que pour qu'il nous dise ce qu'il faisait au jour et à l'heure où Emmanuelle Le Grais avait rendez-vous sous le deuxième pont ferroviaire de la rue Watt. Tu viens, Mémé ?

– Et moi ? fit Géraldine, d'une petite voix à peine audible.

– Non, toi tu as explosé ton forfait-conneries, tu restes là et tu vois avec les gars de l'informatique.

Boris Corentin quitta la pièce en s'efforçant de ne pas voir l'air profondément malheureux de sa jeune collègue.

– Tu as été un peu dur avec elle… murmura Aimé Brichot sur un ton de léger reproche, lorsqu'ils furent dans le couloir conduisant au grand escalier.

– Je sais, Mémé, soupira Corentin, et ça ne m'amuse pas plus que ça. Mais je ne veux pas qu'elle prenne l'habitude de faire n'importe quoi sous prétexte de nous épater : ça risquerait de lui retomber méchamment sur le nez un de ces jours.

– En somme, tu veux la protéger, quoi ! fit Brichot, avec un petit sourire en coin, tandis qu'ils débouchaient dans la cour où étaient garées les voitures de service.

– On peut dire ça comme ça, oui… Pourquoi ? Tu ne trouves pas qu'elle en vaut la peine ?

– Si.

*

* *

– Dis donc, ça a l'air énorme, comme boîte ! fit Aimé Brichot, le nez en l'air. Tu crois qu'ils occupent tout l'immeuble ?

– Comment veux-tu que je le sache ? répondit Boris Corentin avec un léger haussement d'épaules. De toute façon, on s'en fout un peu, non ?

Ils se trouvaient à Neuilly, au coin de l'avenue Charles-de-Gaulle, reliant la porte Maillot au pont de Neuilly, et d'une petite rue perpendiculaire et assez courte, qui conduisait au jardin d'Acclimatation.

C'est là que se dressaient les huit étages de

l'immeuble abritant les bureaux de la compagnie d'assurances où travaillait Guillaume Tourain.

– On s'y prend comment ? voulut savoir Aimé Brichot, tandis qu'ils franchissaient la porte à tambour.

– On va tâcher de le faire descendre à l'accueil, ce sera plus discret, répondit Boris Corentin, en se dirigeant vers le guichet derrière lequel se tenaient un vigile en costume bleu foncé et une jeune femme blonde, très mignonne et assez généreusement décolletée.

C'est naturellement à elle que Boris s'adressa, avec un sourire charmeur :

– Bonjour, Mademoiselle, nous souhaiterions parler à M. Guillaume Tourain. Est-ce qu'il vous est possible de l'appeler et de lui demander de descendre ici ?

– Euh… en principe, oui… répondit la jeune hôtesse, dont le badge de poitrine signalait qu'elle se prénommait Caroline. Mais puis-je savoir ce que vous lui voulez ? Car je suppose que vous n'avez pas rendez-vous…

Pour couper court à la discussion qui s'amorçait, Corentin sortit sa plaque de policier de sa poche et la mit sous le nez de la petite blonde.

– Ce n'est pas la peine de préciser à Guillaume Tourain que nous sommes de la police, avertit doucement Boris, sans cesser de lui sourire.

– Bon, bon… j'appelle le service de veille économique où travaille Guillaume.

– Veille économique ? s'étonna Aimé Brichot, tandis que Caroline composait rapidement un numéro à quatre chiffres. Qu'est-ce que c'est encore que ça ?

– Je crois que ce sont des gens qui surveillent l'évolution des marchés financiers, quelque chose comme ça… répondit Boris Corentin.

La petite blonde releva vers lui ses magnifiques yeux d'un bleu très clair :

– Guillaume descend tout de suite. Vous pouvez l'attendre sur le canapé à gauche, là…

Les deux policiers avaient à peine eu le temps de s'asseoir à l'endroit indiqué, que la porte métallique de l'un des six ascenseurs s'ouvrit. En sortit un jeune homme d'une trentaine d'années, brun, d'allure souple et virile, qui paraissait chercher quelqu'un des yeux.

Lorsqu'il vit Boris Corentin et Aimé Brichot, il se dirigea vers eux à grands enjambées décidées.

– Bonjour, Messieurs, je suis Guillaume Tourain : c'est vous qui souhaitez me parler ? Je ne crois pas que l'on se connaisse déjà, si ?

– En effet, nous ne nous connaissons pas, répondit Corentin, en lui montrant sa plaque. Je suis le commandant Corentin et voici le capitaine Brichot. Asseyez-vous, M. Tourain, nous avons une question simple à vous poser…

Le jeune homme était devenu brusquement très pâle et il se laissa tomber dans le canapé, plutôt qu'il ne s'y assit. Il gardait les yeux obstinément baissés, comme si affronter le regard des deux policiers était au-dessus de ses forces.

– Monsieur Tourain, nous aurions besoin de savoir ce que vous faisiez il y a cinq jours, samedi dernier donc, dans l'après-midi – disons entre quatre et six heures.

Boris Corentin eut l'impression que, à l'énoncé de sa question, Guillaume était devenu encore plus pâle et que ses mains se mettaient à trembler.

Pourtant, après une seconde ou deux de silence, c'est d'une voix plutôt ferme que le jeune homme répondit :

– Je faisais de la gym. J'étais à mon club, boulevard des Filles-du-Calvaire. Mais pourquoi vous me demandez ça ? Je peux savoir ?

– Je ne suis pas tenu de vous répondre, répondit doucement Boris Corentin. Vous y avez passé combien de temps à votre club de gym ?

– Environ deux heures, répondit Guillaume Tourain. J'y suis arrivé vers trois heures et demie, si je me souviens bien. En sortant, je suis allé prendre un verre au bistrot qui se trouve juste à côté de la salle. *Le Narval*, ça s'appelle. Je suis assez pote avec le serveur, on a bavardé un peu et je suis rentré chez moi. Ensuite, des copains sont passés me chercher vers sept heures, pour aller au cinéma. Je peux vous donner leurs noms et leurs numéros, si vous voulez…

Boris Corentin et Aimé Brichot échangèrent un

rapide coup d'œil. Guillaume Tourain semblait avoir un alibi en béton. En tout cas, assez facilement vérifiable.

– Je veux bien les noms de vos amis, finit par dire Boris Corentin.

Guillaume Tourain s'exécuta avec un certain empressement et une satisfaction visible.

– J'ai encore une question à vous poser, fit Boris, en empochant la feuille de carnet que lui tendait le jeune homme : savez-vous où se trouve Mademoiselle Emmanuelle Le Grais, en ce moment ?

Guillaume Tourain eut l'air très surpris de la question. Ou alors, c'était un excellent comédien.

– Emmanuelle ? Mais… je ne sais pas… chez elle, je suppose… Pourqsuoi vous vous intéressez à elle ? Ah ! oui, c'est vrai que je ne suis pas censé le savoir…

Après avoir demandé à leur interlocuteur de ne pas quitter Paris jusqu'à nouvel ordre, les deux policiers prirent congé de lui et quittèrent l'immeuble.

– Comment tu le trouves ? interrogea Aimé Brichot, une fois sur le trottoir. Il a l'air correct, non ?

– C'est ce qu'on va s'employer à vérifier… répondit Boris Corentin, l'air sombre.

CHAPITRE VI

Guillaume Tourain regardait Nadia Durazzi d'un œil à la fois gourmand et ennuyé. Au téléphone, il lui avait dit qu'il préférait qu'elle ne vienne pas le rejoindre *chez nous*, entre midi et deux heures, comme ils en avaient pris l'habitude deux à trois fois par semaine. Mais elle avait tellement insisté, supplié, elle avait également si bien su l'exciter au téléphone, qu'il avait fini par céder. Et, vers midi et quart, Nadia et Guillaume s'étaient retrouvés *chez nous*.

C'est Nadia qui avait ainsi baptisé le studio de Levallois que Régis, un ami de Guillaume, mettait à leur disposition, chaque jour à l'heure du déjeuner, moyennant une modeste participation à son loyer.

Et, maintenant, alors qu'il voyait son corps nu par l'entrebâillement de la porte de la salle de bain, il regrettait de lui avoir cédé. Parce que la visite des deux flics, quelques heures plus tôt, lui avait soudain fait prendre conscience des risques qu'il courait depuis deux mois.

Lorsque Guillaume avait fait la connaissance de Nadia, elle s'appelait Poupougne. C'est en tout cas le pseudo qu'elle s'était choisi pour venir laisser un commentaire sur son blog. Elle était revenue le lendemain, puis tous les jours, se montrant de plus en plus aguicheuse dans ses propos.

Lorsque, par mail privé cette fois, Nadia s'était décrite physiquement, après avoir précisé qu'elle avait dix-sept ans et demi, Guillaume avait craqué et lui avait donné rendez-vous directement chez lui, ce qui n'avait pas eu l'air d'effrayer sa correspondante.

Lorsqu'elle était arrivée, avec une demi-heure de retard, Guillaume avait compris qu'elle ne s'était pas embellie dans sa description écrite.

Nadia avait des cheveux longs, très épais et très noirs, qui tranchaient avec une peau blanche, presque diaphane, de grands yeux sombres en amande, et une bouche « de pipeuse », du moins d'après les critères personnels de Guillaume.

Côté anatomie, elle était de taille moyenne, peut-être un tout petit peu trop pulpeuse d'après les critères habituellement en vigueur de nos jours, mais par pour lui, qui avait toujours pensé que, en matière de chair féminine, « abondance de biens ne nuit pas ».

Et puis, il adorait les culs ronds et bien cambrés, rebondis, et les gros nichons confortables. Deux choses dont Nadia était abondamment pourvue.

Sur le coup, il s'était dit qu'elle avait les traits encore bien juvéniles pour une fille de presque dix-huit ans. Mais, sitôt la porte refermée, il avait été emporté par un tel torrent de sensualité brute, animale, qu'il avait oublié tout le reste. Car Nadia était une vraie bombe.

Elle transpirait, elle irradiait le sexe, littéralement.

Ce n'est que trois semaines plus tard, un midi, alors qu'ils venaient de jouir superbement tous les deux, qu'elle avait avoué la vérité à Guillaume.

À savoir qu'elle avait fêté trois mois plus tôt son 14e anniversaire.

Relations sexuelles avec une mineure de moins de 15 ans… Guillaume s'était renseigné pour savoir combien ça coûtait, en cas de pince.

C'était très très cher.

Le bon sens aurait voulu qu'il rompe immédiatement avec cette gamine trop vite montée en graine, débordant de sève et d'appétits qui n'étaient pas de son âge.

Mais c'était trop tard: Nadia le possédait littéralement, avec son mélange de perversion et de candeur. Et ils avaient continué à se voir, en redoublant de précautions.

Et, encore tout à l'heure, en arrivant, Nadia n'avait eu aucun mal à mettre Guillaume à ses pieds, malgré les préoccupations et les angoisses de son amant.

Une lueur trouble dans ses grands yeux noirs, elle avait commencé à dégrafer la minijupe en lamé rouge, qui moulait outrageusement sa croupe proéminente, et l'avait laissée tomber à ses pieds.

Dessous, elle portait une petite culotte de dentelle noire, qui soulignait le renflement prononcé du pubis.

– Aujourd'hui, j'ai envie que tu me fasses quelque chose de spécial… avait alors murmuré Nadia, d'une voix plus sourde, en glissant ses pouces entre sa peau ambrée et l'élastique du slip.

Elle l'avait fait descendre lentement, très lentement, sans quitter Guillaume des yeux. Lequel Guillaume commençait à se sentir des réactions intéressantes et incontrôlables, à l'intérieur de son pantalon de toile légère.

Lorsqu'il vit apparaître les premières frondaisons bouclées de l'intimité de sa trop jeune maîtresse, il retint son souffle, tout en essayant de conserver un air dégagé.

Enfin, d'un coup sec, comme pour en finir, Nadia fit glisser sa culotte jusqu'à ses chevilles et s'en débarrassa d'un petit coup de pied négligent.

Une fois de plus, comme si c'était la première, Guillaume eut le souffle coupé de ce qu'il découvrait. Entre les cuisses rondes de Nadia, au bas de son ventre légèrement bombé, s'épanouissait la toison féminine la plus fournie qu'il ait encore jamais contemplée. C'était dru, noir, bouclé, profond, dense, obscur… et impénétrable !

Car, d'entrée de jeu, Nadia lui avait annoncé qu'elle était vierge et entendait le rester. Par contre, elle était partante pour le reste. Tout le reste…

Guillaume qui, depuis des années déjà, déplorait cette mode idiote consistant, pour les femmes, à se tailler ou à s'épiler le pubis, voire à se le raser entièrement, était, avec Nadia, servi et au-delà de toute espérance.

C'était la grande forêt amazonienne à la portée de toutes les bourses…

Instinctivement, sa main se tendit vers ce buisson touffu, et il ne retint son geste que d'extrême justesse. Sans que Nadia, du reste, ait esquissé le moindre mouvement de recul. Au contraire, elle continuait de le regarder droit dans les yeux.

Avec, à présent, une sorte de lueur de fierté et de victoire, dans ses grands yeux aussi sombres que son pubis.

– Il y a des mecs que les poils dégoûtent, j'espère que ce n'est pas ton cas ? lui avait-elle demandé, la première fois, d'un ton faussement inquiet.

À voir les yeux exorbités et fixes avec lesquels le blogueur contemplait l'efflorescence sauvage de son intimité, il était évident qu'il n'était rien moins que dégoûté…

Assis sur le lit, les jambes écartées, il ne faisait d'ailleurs rien pour dissimuler l'énorme bosse que le petit strip-tease de Nadia avait fait naître dans son pantalon.

– Je voudrais que tu me caresses très longtemps, aujourd'hui, avait murmuré Nadia, de sa voix lourdement sensuelle. Avec tes doigts… Avec ta bouche… Avec ta queue, aussi… Ta belle queue que j'aime…

Tout en parlant, elle avait écarté légèrement les cuisses et projeté son ventre en avant, afin que Guillaume voie mieux, sans doute…

– Des caresses ? Je ne demande pas mieux… coassa Guillaume, en déglutissant avec un peu de difficulté. Approche, voir…

Nadia ne se le fit pas dire deux fois. Elle s'avança carrément entre les jambes écartées du jeune homme, jusqu'à ce que l'un de ses genoux entre en contact, comme par mégarde, avec la protubérance qui déformait son pantalon trop large d'au moins deux tailles.

Guillaume avança une main tremblante, en direction de ce ventre qui s'offrait à lui, et, comme il le lui avait été demandé, se mit à la caresser du bout des doigts, effleurant à peine le satin de son ventre.

Aussitôt, Nadia se mit à respirer plus fort, puis à soupirer, et enfin à geindre : toute la gamme…

À chaque fois qu'elle montait d'un cran, Guillaume s'enhardissait et laissait ses doigts longs et nerveux descendre un peu plus bas, allant jusqu'à se perdre dans l'épaisse forêt noire qui proliférait à la jonction des cuisses.

Finalement, n'y tenant plus, Nadia posa sa main sur la tête de Guillaume et l'attira à elle.

Aussitôt, le garçon saisit ses hanches larges à pleines mains et, avec un grognement d'impatience, plongea sa bouche au cœur même du buisson tentateur.

– Oh ! oui, ta langue… gémit Nadia, en se cambrant au maximum. Mets-la-moi dans la fente !

C'est précisément ce qu'était déjà en train de faire Guillaume, se saoulant des parfums capiteux qui s'exhalaient de cette fleur nacrée, vivante.

Lorsque les lèvres du garçon s'emparèrent du gros bourgeon dur et luisant qui dardait entre les pétales soyeux de cette corolle de chair frémissante, Nadia poussa un long cri et jouit presque immédiatement. À la grande surprise de Guillaume, qui s'écarta à regret de cette forêt enchantée, la bouche barbouillée du plaisir qu'il venait de provoquer.

– À moi, maintenant… souffla Nadia, dont les grands yeux de gamine perverse crépitaient littéralement d'une espèce de sensualité débordante, sauvage.

Elle se laissa tomber à genoux entre les jambes écartées de son amant et entreprit de dégrafer son pantalon, avec une précision de gestes qui trahissait une certaine habitude de l'opération.

Elle poussa un petit cri de surprise ravie en

extrayant une virilité longue, épaisse et noueuse, d'une raideur et d'un volume au-delà de tout éloge.

– Merde ! qu'est-ce qu'elle est grosse ! s'exclama-t-elle. Une queue comme ça, on doit la sentir passer, dis donc !

Ça faisait partie de son côté « gamine » : à chacune de leurs rencontres, elle faisait mine de découvrir l'orgueilleuse virilité pour la première fois…

Guillaume poussa un long soupir de bien-être, lorsque les lèvres charnues coulissèrent lentement autour de sa verge palpitante. Et qu'une langue chaude et agile vint s'enrouler autour de son extrémité hypersensible, tel un souple et vivant fourreau.

Sans prétendre battre le record établi un instant auparavant par Nadia, Guillaume sentit qu'il ne résisterait pas longtemps à un traitement pareil.

Il eut un instant la tentation de la repousser, de la basculer sur le tapis élimé du sol et de s'engouffrer dans son ventre d'une seule poussée, au cœur de cette forêt « vierge » qui continuait de le fasciner.

Mais, non, « ça », il n'y avait pas droit. Il pouvait toujours compenser en investissant l'autre orifice de son corps : cela, Nadia ne le lui avait jamais refusé. Au contraire…

Finalement, il ne bougea pas et la laissa continuer ce qu'elle était en train de faire. En se disant qu'il aurait toujours le temps de la sodomiser un peu plus tard…

Nadia avait glissé une main entre ses cuisses et palpait avec de plus en plus de fièvre les boules volumineuses qui y étaient nichées. Tandis que son autre main était à présent enfouie au centre du mystère moussu de son propre sexe.

Lorsqu'elle sentit, à des palpitations plus intenses et plus rapides, que son partenaire était sur le point de prendre son plaisir, elle accéléra encore le va-et-vient de sa bouche, tout en augmentant la pression de ses lèvres autour de la hampe noueuse et de plus en plus grosse.

Guillaume explosa d'un plaisir abondant, se répandant à longs jets saccadés dans cette bouche accueillante, qui le but avidement jusqu'à la dernière goutte.

Dès qu'elle le sentit perdre un peu de sa consistance, Nadia délaissa le sexe qu'elle venait de faire jouir et, se redressant, fila à la salle de bain prendre une douche, comme elle le faisait systématiquement après chaque étreinte…

Salle de bain dont elle était à présent en train de ressortir, un petit sourire égrillard aux lèvres, en balançant des hanches d'une manière appuyée.

Nadia fut un peu surprise de voir qu'il avait reboutonné son pantalon. Elle craignit même qu'il ne veuille pas « remettre ça », ce qui l'aurait beaucoup frustrée.

Elle fut rassurée lorsqu'elle vit le visage de Guillaume s'empourprer brusquement, ses yeux se mettre à crépiter d'une lueur de désir – désir si sauvage, si primordial, si dépourvu de coquetterie, qu'elle sentit un frisson délicieux la secouer tout entière.

Lorsque Guillaume se rua sur elle, elle se laissa docilement renverser en arrière, sur le couvre-lit râpé. Elle éprouva une sorte de gratitude profonde, devant une telle impétuosité, et elle referma ses bras autour du cou de son partenaire, qui venait de la clouer au lit de tout son poids.

Cette charge du mâle, ce bonheur à se sentir écrasée, palpée, manipulée, avec tout l'emportement du désir, elle en avait toujours été folle, depuis le jour où elle l'avait découvert, la veille de ses 13 ans, alors qu'elle avait déjà le corps – et les envies – d'une adolescente de 16.

Elle arracha littéralement la chemise de son partenaire, dont elle sentait le sexe dur et long s'incruster contre son ventre frémissant. Et dont elle savait qu'il aurait bien aimé se faufiler plus bas…

Guillaume se redressa au-dessus d'elle, les genoux de part et d'autre de ses hanches, se débarrassa complètement de sa chemise à demi arrachée et parvint à se défaire de son pantalon en un temps record, malgré l'inconfort de sa position.

Totalement dominée par le jeune homme taillé en

athlète, Nadia crut qu'elle allait défaillir de plaisir lorsque le sexe lourd et dur, noueux et brun jaillit à l'horizontale, juste au-dessus de sa poitrine haletante.

Elle tendit la main droite et referma ses longs doigts autour de cette hampe majestueuse, dont elle trouvait le grain de peau incroyablement fin.

En même temps, alors qu'elle avait déjà commencé à caresser doucement la verge puissante, elle glissa son autre main entre les cuisses musclées de Guillaume, afin de s'emparer des boules jumelles, volumineuses et frissonnantes, qui s'y trouvaient nichées.

Elle sentait son intimité s'humidifier sans cesse, et ses jambes s'ouvraient d'elles-mêmes.

Nadia redressa la tête et tendit le cou en direction de la virilité que ses doigts maniaient avec une certaine fébrilité, non dépourvue de science tout de même.

Comprenant ce qu'elle désirait, Guillaume avança le bassin vers elle. Tout en renversant le buste vers l'arrière, afin que sa main droite puisse se glisser entre les cuisses écartelées de sa partenaire.

Nadia eut un violent sursaut de tout le corps, lorsque les doigts impatients du jeune homme plongèrent doucement au cœur de sa fournaise intime.

En même temps, elle eut juste à relever un peu la tête, pour que ses lèvres avides puissent happer et engloutir le superbe morceau d'homme qui semblait la narguer.

Durant une minute ou deux, leurs gémissements se mêlèrent, proches du râle chez Guillaume, plus étouffés chez Nadia, en raison du sceptre de chair qui lui emplissait la bouche, la comblant dans tous les sens du terme.

Mais Guillaume ne se satisfit pas très longtemps de ces petits jeux. Ce corps de femelle pantelant et agité par la houle d'un désir grandissant, il voulait le posséder complètement. Même si c'était par la « voie étroite », la seule qui lui était permise par Nadia.

Il repoussa doucement l'adolescente, qui abandonna à regret la verge qui coulissait entre ses lèvres pleines. Mais, en voyant Guillaume prendre place entre ses genoux, elle comprit ce qu'il avait en tête.

Et elle approuva pleinement…

La saisissant des deux mains sous les genoux, Guillaume souleva sans effort apparent le bassin de sa partenaire, pour amener sa croupe profondément fendue au niveau de sa virilité tendue vers elle. Là encore, Nadia se sentit fondre de désir, à se sentir ainsi manipulée comme une simple poupée de chiffon, sans aucune initiative de sa part.

Lorsque la longue verge épaisse prit possession de ses reins, elle en ferma les yeux de bonheur.

Un bonheur dont elle se disait qu'elle ne pourrait plus jamais se passer, même quand elle aurait enfin découvert l'autre moyen d'être pénétrée par un sexe d'homme.

L'excitation des deux amants avait déjà atteint un tel point culminant, presque de non-retour, que, alliée à l'impétuosité naturelle de leur jeunesse, elle les conduisit, pour la deuxième fois, presque immédiatement à l'orgasme.

Ce fut Nadia qui « partit » la première, sous l'action conjointe de la verge qui lui labourait la croupe et de ses propres doigts dans son intimité ruisselante.

Un éclair de chaleur lui zébra le ventre, se répandit dans tout son corps à la vitesse de la lumière, avant de venir exploser dans son cerveau, telle une gerbe d'étoiles.

Au plus fort de sa propre jouissance, elle perçut le long cri de délivrance de Guillaume qui, collé à elle, inonda ses reins de son plaisir, en longs jets brûlants et épais, qui portèrent le sien à son paroxysme.

Enfin, vidés, anéantis, ils s'écroulèrent l'un sur l'autre. Et Nadia, les bras refermés sur ses épaules, reçut le poids du corps de son amant sur le sien avec une gratitude qui lui fit monter de grosses larmes aux yeux.

Ils restèrent ainsi, immobiles, enchevêtrés, durant deux ou trois minutes. Puis, Guillaume roula lentement sur le côté et ferma les yeux.

À présent qu'il était vraiment rassasié sur le plan érotique, les sombres pensées qui s'agitaient dans son cerveau depuis le matin revinrent l'assaillir.

Une fois de plus, il repensa à l'alibi qu'il avait

bricolé en toute hâte, lorsque ce Corentin lui avait demandé ce qu'il faisait samedi dernier, dans l'après-midi – question qui l'avait dans un premier temps empli de terreur.

La salle de gym, c'était bon : il était normalement prévu qu'il s'y rende et serait donc inscrit sur le registre.

Au Narval, Julien, le garçon, avec qui il discutait plusieurs fois par semaine, serait probablement incapable de se souvenir s'il était passé ou non ce jour-là.

Quant à ses deux potes, Hervé et Philippe, ils étaient effectivement venus vers sept heures et demie pour lui proposer un cinoche. Donc, ils ne pourraient que confirmer.

Guillaume était tellement plongé dans ses pensées qu'il ne s'était même pas aperçu que, insidieusement, les doigts de Nadia s'étaient de nouveau enroulés autour de son sexe assoupi, pour tenter de le réveiller. Une indifférence dont l'adolescente en était d'ailleurs légèrement dépitée…

« Non, non, tenta une fois de plus de se persuader Guillaume, tout ça est en béton armé, ils ne peuvent rien contre moi… »

Mais cette auto-persuasion ne l'empêchait pas de se dire que si jamais ils s'apercevaient qu'il avait menti tout au long, ça risquait d'avoir un effet dévastateur.

Et, terriblement insidieuse, une petite voix à

l'intérieur de sa tête ne cessait de lui répéter que ces deux maudits flics étaient quelque chose comme ses mauvais anges.

Surgis des enfers pour lui annoncer sa chute.

Chapitre VII

– Quoi ? Tu te gares sur un bateau, Grand chef ? Et moi, qui pensais qu'on était censés donner un vertueux exemple aux braves populations ébahies…

– On le leur donnera demain, le vertueux exemple, Petit bonhomme ! répondit Boris Corentin, en coupant le contact de sa voiture de service. Pour le moment, je commence à en avoir ras-le-bol de cette ville où il n'y a plus moyen de trouver une place de stationnement nulle part !

– Bon, bon, je note, répliqua Géraldine Hébert, en faisant mine de sortir son agenda de sa poche : demain, penser à donner un vertueux exemple… et à circuler à pied. Dis donc, Grand chef, je pense à un truc, là, tout d'un coup : tu crois qu'à partir du mois prochain, quand la mairie aura mis le réseau « Vélib » en place, on va nous obliger à circuler sur des vélos municipaux ?

– Manquerait plus que ça ! bougonna Corentin, que

l'idée de sa coéquipière fit sourire.

Au même moment une couple de Pervenches fondit sur eux, le carnet à souches bien en main. La plus âgée des deux semblait animée des plus belliqueuses intentions, cependant que l'autre, nettement plus jeune, brune au teint mat, assez agréable à regarder, caressait Boris Corentin d'un œil velouté et passablement alangui.

– Vous n'avez pas le droit de rester là, veuillez circuler ! aboya la matrone d'une voix éraillée.

Boris Corentin lui brandit sa plaque de policier sous le nez – qu'elle avait très proéminent :

– Dois-je vous rappeler, Mesdames, que vous n'êtes pas habilitées à donner des ordres aux automobilistes, mais seulement à leur dresser contravention, en cas de non respect des règles de stationnement ? Et que, d'autre part, vous êtes tenues de vous adresser à eux avec courtoisie, politesse et amabilité ?

Celle qui l'avait interpellée était devenue blême, sa lèvre inférieure tremblait légèrement, tandis que sa jeune collègue semblait ravie de voir sa chef se faire renvoyer dans les cordes – et surtout par un aussi beau mâle…

– Vous seriez gentilles de garder un œil sur notre voiture, intervint alors Géraldine, tout miel : il y a tellement de malfaisants, de nos jours…

– Oui, bien… bien sûr… bredouilla l'aînée, qui se sentait perdre pied. N'ayez pas peur…

Et les deux policiers tournèrent les talons, assez satisfaits de leur petit duo improvisé.

– On est plutôt au point, non ? fit Géraldine.

– Mouais, pas mal… Bon, maintenant, au taf ! répondit Boris, en désignant le club de gym dont la façade se trouvait à une cinquantaine de mètres en avant d'eux, sur le même trottoir, signalée par un panonceau métallique coloré, représentant une fille blonde en short fluo.

Avant de quitter le quai des Orfèvres, ils s'étaient partagés le travail : tandis qu'Aimé Brichot se chargeait de contacter les deux amis de Guillaume Tourain, avec qui il était censé être allé au cinéma, Géraldine et Boris se rendaient boulevard des Filles-du-Calvaire, à la salle de gym du même Guillaume et au bar-tabac, *Le Narval*, où il disait être allé boire un verre à l'issue de son entraînement.

À l'intérieur du petit hall d'entrée, tout en longueur, se trouvait un comptoir, derrière lequel officiait une jeune femme blonde – genre « beauté américaine permanentée » – en tenue de sport, sans doute afin de créer l'ambiance. Elle leur adressa un sourire machinal, totalement vide d'expression, uniquement dans le dessein d'exhiber ses dents, d'une blancheur éclatante – une vivante pub pour dentifrice.

– Je crois bien ne vous avoir jamais vus, dit-elle avec une pointe d'accent anglo-saxon. Vous venez pour vous inscrire peut-être ?

Rien à dire : elle faisait bien son boulot...

– Pas précisément, répondit Boris Corentin, avant de décliner rapidement leurs identités.

Aussitôt qu'elle sut avoir affaire à des policiers, la blonde effaça le sourire commercial de ses lèvres, et ses sourcils à peine visibles se froncèrent légèrement.

– Nous aurions besoin d'un simple renseignement, poursuivit Corentin. Pouvez-vous nous dire si l'un de vos habitués est venu s'entraîner samedi dernier, dans l'après-midi ?

L'hôtesse eut un petit sourire teinté d'ironie :

– Si vous me dites son nom, ça devrait être faisable, je pense...

– Tourain, Guillaume Tourain...

– Ah ! Guillaume... s'exclama-t-elle. Un homme charmant, vraiment adorable... J'espère qu'il ne lui est rien arrivé de désagréable ?

– Alors ? Il est venu ? insista Boris, en négligeant la question ostensiblement.

La fille se détourna d'eux pour pianoter rapidement sur le clavier de son ordinateur, à demi dissimulé sous le comptoir d'accueil.

– Ah ! oui, il était inscrit pour trois heures et demie... finit-elle par annoncer.

– Il était inscrit, mais... est-ce que ça veut dire qu'il est venu effectivement ? demanda Géraldine.

– Ça, je ne peux pas vous dire, vu que je ne travaillais pas ce jour-là. Mais, si vous voulez, je peux appeler ma collègue qui « fait » le week-end…

– S'il vous plaît, oui… répondit Corentin.

Tandis qu'elle pianotait sur le clavier de son portable, trois filles d'une trentaine d'années passèrent dans le dos des deux policiers, les cheveux encore humides de la douche dont elles sortaient visiblement.

– Solange ? Oui, c'est Cindy ? Non, non, pas de souci… petite journée… Dis-moi, ma belle, je t'appelle pour un truc : est-ce que tu te souviens si Guillaume Tourain est venu, samedi dernier, dans l'après-midi ? Le beau Guillaume, oui…

Il y eut une dizaine de secondes de silence, puis :

– OK, je te remercie, ma grande ! Non, non, rien d'inquiétant, je te raconterai…

Cindy coupa la communication et se tourna à nouveau vers les policiers :

– Elle croit se souvenir que oui, mais elle ne pourrait pas le jurer à cent pour cent. Vous comprenez, comme Guillaume vient très souvent, c'est difficile d'être certaine qu'on ne se mélange pas dans les jours. Cela dit, c'est rare qu'il ne vienne pas quand il est inscrit. Ou alors, il prévient…

Boris Corentin et Géraldine Hébert prirent rapidement congé et se retrouvèrent sur le trottoir. Ils constatèrent avec un peu d'amusement que les deux pervenches n'avaient pas osé bouger de devant l'entrée d'immeuble où elles les avaient abordés, et qu'elles montaient carrément la garde devant leur voiture de service.

– On n'est pas beaucoup plus avancé… grommela Boris Corentin, tandis que sa coéquipière et lui se dirigeaient vers le bistrot voisin. J'aurais préféré qu'on m'assure qu'il était effectivement là samedi, ça nous aurait permis de passer à autre chose. Tandis que, là…

La salle carrée du Narval était quasiment vide. Seuls deux peintres en bâtiment éclusaient un godet de vin blanc, à un bout du comptoir, tandis qu'à l'autre, le garçon finissait de remplir de verres sales son lave-vaisselle. C'était un garçon d'environ 25 ans, blond et fluet, au visage doux, presque féminin. Il avait l'air de s'ennuyer ferme.

– On se prend un petit café ? proposa Boris Corentin, en s'installant juste en face du serveur, sur l'un des hauts tabourets en bois verni.

– Je préférerais un chocolat, répondit Géraldine en l'imitant. Une petite tasse…

– Directement sur les hanches, le chocolat ! professa péremptoirement Boris.

– Tu sais ce qu'elles te disent, mes hanches, espèce de mâle hétérosexuel caricatural, comme dirait l'autre ?

Le serveur avait suivi leur petit échange avec un demi-sourire au coin des lèvres.

– On dit un café et un petit chocolat, donc ? intervint-il, en appuyant sur le bouton « marche » du lave-vaisselle.

– Allons-y comme ça, approuva Corentin, tout en guettant les deux peintres du coin de l'œil.

Il avait remarqué que leurs verres étaient quasiment vides et il préférait attendre qu'ils aient disparu pour entreprendre le serveur, soi-disant ami avec Guillaume Tourain.

Effectivement, les deux ouvriers finirent leur breuvage d'un double coup de glotte, payèrent et sortirent du bistrot, non sans avoir lancé le traditionnel « M'sieurs-dames ! », en direction de Boris et Géraldine.

– Vous êtes bien Julien, c'est ça ? demanda Corentin, lorsque la porte se fut refermée.

Le garçon n'eut pas l'air plus surpris que ça : de par son métier, beaucoup de gens inconnus de lui devaient être au courant de son prénom.

– Oui, c'est moi, pourquoi ?

Boris Corentin fit glisser sa plaque sur le comptoir. Julien n'eut pas l'air très ému de se savoir face à deux policiers. Il est vrai qu'il devait en voir régulièrement.

– Qu'est-ce que je peux faire pour vous ? demanda-t-il d'un ton parfaitement calme.

– Nous aimerions savoir si vous avez vu votre ami Guillaume Tourain, ici, samedi dernier en fin d'après-midi, répondit Géraldine Hébert.

– Non !

La réponse avait été immédiate, catégorique. S'apercevant du contresens possible, Julien précisa :

– Je veux dire : oui, je veux bien vous répondre, mais, non, je ne l'ai pas vu…

– Il nous a pourtant affirmé qu'il était passé ici en sortant du club de gym, insista Boris Corentin, en reposant devant lui sa tasse à café vide.

– Ah ! mais, ça, c'est possible, par contre ! C'est vrai qu'il s'arrête toujours, quand il revient de pousser de la fonte : c'est un garçon d'habitudes, Guillaume…

Géraldine et Boris échangèrent un bref regard chargé d'incompréhension.

– Mais, je ne comprends pas… fit la jeune femme, vous venez de nous dire que…

– Que je ne l'avais pas vu ? Mais c'est la vérité ! répondit Julien qui semblait bien s'amuser. Samedi matin, je me suis réveillé avec une putain de gastro et j'ai téléphoné ici pour dire à la patronne que je ne pourrais pas venir bosser. Donc, même si Guillaume est passé…

Cette fois, c'est un regard long et lourd que les deux policiers échangèrent, chacun sachant que l'autre pensait la même chose que lui.

Guillaume Tourain leur avait affirmé être passé au Narval *et avoir discuté un moment avec Julien.*

Or, celui-ci n'était pas venu de la journée.

Donc, Guillaume Tourain leur avait menti.

Sciemment.

*

* *

Géraldine Hébert patientait depuis plus de vingt minutes sur l'une des trois chaises recouvertes de cuir rouge, qui faisaient face au bureau du juge d'Instruction. Et elle rongeait son frein en attendant que Boris Corentin en ressorte enfin.

Le but de l'entretien était d'arracher au juge Jean-Paul Janvier une commission rogatoire afin que Guillaume Tourain puisse être placé dès la fin de la journée en garde à vue. Ce qui n'allait pas de soi.

Ça allait d'autant moins de soi que, d'abord pressenti par téléphone, le juge d'Instruction avait commencé par refuser tout net, au motif que les éléments à charge contre le suspect qu'on lui proposait n'étaient pas assez « probants » – c'est le terme qu'il avait employé.

Boris Corentin avait obtenu une audience à l'arraché et, depuis près d'une demi-heure maintenant, il s'efforçait de plaider sa cause. Et, vu le temps que ça prenait, ça ne paraissait pas être du tout cuit.

Enfin, la porte s'ouvrit, Géraldine bondit sur ses pieds, impatiente de savoir.

– Bien entendu, Monsieur le juge : vous serez tenu au courant au fur et à mesure des développements, je m'y engage personnellement, était en train de dire Boris Corentin, en s'efforçant de prendre un ton à la limite de l'obséquieux, ce qu'il détestait faire.

Il referma doucement la porte du bureau et brandit triomphalement le précieux document en direction de sa jeune coéquipière :

– C'est bon, j'ai fini par la lui arracher, cette fichue commission ! dit-il à mi-voix. Allez, on file à Neuilly et on embarque notre oiseau !

Boris Corentin allait se diriger vers la sortie du Palais de Justice, mais il se ravisa :

– Mémé est rentré ?

– Oui, il y a une dizaine de minutes, il m'a appelée sur mon portable, répondit Géraldine : les deux potes de Guillaume Tourain ont confirmé qu'ils avaient passé la soirée avec lui. Et également qu'il n'avait jamais eu de voiture…

Boris Corentin ne se démonta pas :

– Une voiture, ça s'emprunte ou, au pire, ça se loue. Et il pouvait très bien faire disparaître Emmanuelle Le Grais entre cinq heures, moment de leur rendez-vous, et sept heures et demie, afin d'aller attendre ses amis chez lui. Bon, on passe prendre Mémé et un autre inspecteur : comme il va falloir embarquer l'ordinateur de bureau de Tourain, on ne sera pas trop de quatre.

Dix minutes plus tard, Boris Corentin, Aimé Brichot et Géraldine Hébert montaient dans leur voiture de service, accompagnée par le lieutenant Hennig, une très jolie fille blonde, au corps pulpeux, répondant au prénom étrange de Claire-Émilie.

Galamment, Aimé Brichot proposa de céder la place avant à l'une des deux jeunes femmes.

– Non, non, honneur aux mâles ! railla gentiment Géraldine. Nous, on va papoter entre filles à l'arrière…

En réalité, elle n'était pas fâchée de cette occasion de se rapprocher un peu de Claire-Émilie, pour laquelle elle se sentait quelque inclination… même si elle n'avait pas l'intention de tromper Liselotte.

Mais ça ne coûtait rien de poser des jalons, de procéder à un petit coup de sonde : on ne savait jamais de quoi l'avenir allait être fait, n'est-ce pas ?

Elle lança la discussion sur le premier sujet qui lui passa par la tête : les soldes. Pour dire à quel point elle avait horreur de ça, et honte de voir, au journal télévisé, ces hordes de harpies furieuses se piétiner les unes les autres pour tel ou tel morceau de chiffon bariolé.

Claire-Émilie en rajouta une couche, Géraldine fit de la surenchère, si bien que, lorsqu'ils franchirent la porte Maillot, ils étaient tous les quatre morts de rire.

Mais, malgré l'hilarité générale, Géraldine Hébert avait eu deux trois fois l'occasion de remarquer que Claire-Émilie Hennig ne s'était pas dérobée quand, sous couvert de complicité féminine, elle avait posé sa main sur sa cuisse durant quelques secondes…

Derrière le comptoir du hall d'accueil de la

compagnie d'assurance où travaillait Guillaume Tourain, l'hôtesse rosit de plaisir en reconnaissant Boris Corentin.

– Vous revenez voir Guillaume ? s'empressa-t-elle, en battant des cils. Vous voulez que je l'appelle ?

– Surtout pas ! répondit froidement Corentin, sans se dérider. Vous allez nous indiquer où il travaille et nous ouvrir le portillon, je vous prie. Et, surtout, vous ne le prévenez pas de notre arrivée. Nous sommes munis d'un document officiel et, si vous désobéissiez, vous pourriez être inculpée pour entrave à l'action de la Justice !

Bon, là, il en rajoutait un peu, et même pas mal, mais c'était pour assurer ses arrières.

– Non, non, je... je ne touche pas au téléphone, bafouilla la fille, en roulant des yeux effrayés. Les bureaux de la veille économique sont au sixième étage, à gauche quand vous sortez des ascenseurs...

– Tu comptes t'y prendre comment ? s'enquit Géraldine Hébert, lorsqu'ils furent dans la cabine. On ne va quand même pas lui passer les menottes et l'embarquer devant tous ses collègues...

– Et pourquoi non ? fit Boris Corentin d'un ton sec. C'est la procédure, il me semble...

– L'un de nous deux peut toujours aller le chercher discrètement, puisqu'on le connaît déjà. On ne lui passera les menottes qu'une fois sortis de l'immeuble... proposa Aimé Brichot, qui récolta un regard reconnaissant de la part de Géraldine.

Boris Corentin n'eut pas à trancher : au moment où les quatre policiers sortaient de l'ascenseur, ils tombèrent nez à nez avec Guillaume Tourain, surgissant des toilettes.

Dès qu'il reconnut Corentin et Brichot, il devint affreusement pâle et dut s'appuyer d'une épaule au mur, tellement ses jambes s'étaient mises à trembler.

– Qu'est-ce… qu'est-ce que vous me voulez… encore ? tenta-t-il de plastronner, mais d'une voix coassante, plus pitoyable qu'autre chose.

– Monsieur Tourain, je suis chargé par le Juge d'Instruction de vous signifier votre mise en garde à vue, à compter de maintenant, débita solennellement Boris Corentin en présentant sa précieuse commission rogatoire à Guillaume Tourain, qui semblait vivre un incompréhensible cauchemar.

– Mais… Mais, enfin… pourquoi ? C'est complètement con… je veux dire, c'est absurde…

– Veuillez nous suivre, Monsieur Tourain. Je vous lirai vos droits et vous notifierai la raison de cette décision quand nous serons à l'abri des oreilles indiscrètes.

Guillaume Tourain sembla se résigner d'un coup à subir ce qui lui arrivait, sans plus chercher à discuter.

– Je peux prendre ma veste et prévenir mon chef que… que… enfin…

– Je vous accompagne, dit doucement Aimé

Brichot, après avoir quêté l'assentiment de Boris Corentin.

– C'est curieux, j'ai l'impression qu'il ne comprend absolument rien à ce qui lui arrive… fit remarquer Géraldine d'un ton pensif.

– Tu n'as jamais rencontré de ces excellents comédiens capables de te faire croire tout ce qu'ils veulent ? répliqua Corentin, sans presque desserrer les dents.

Mais, pour lui-même, il dut bien admettre qu'il avait été frappé par la même impression.

*

* *

Lorsque la clé tourna dans la serrure et qu'il se retrouva seul dans la petite cellule violemment éclairée, Guillaume Tourain eut l'impression que sa vie entière était en train de s'écrouler, irrémédiablement.

Il ne savait même plus quelle heure il pouvait bien être, puisqu'on lui avait pris sa montre. Ainsi que la ceinture de son pantalon et les lacets de ses chaussures.

Il avait l'impression que des heures et des heures s'étaient écoulées depuis qu'ils étaient venus le chercher à Neuilly et l'amener de force au quai des

Orfèvres. L'impression que l'interrogatoire qu'il avait dû subir dès son arrivée n'aurait jamais de fin.

– Vous avez droit à un entretien de trente minutes avec l'avocat de votre choix, lui avait signifié Boris Corentin. Si vous n'en avez pas, vous pouvez demander à ce qu'on vous en commette un d'office...

Guillaume Tourain avait refusé l'avocat. Parce que, dans sa tête, il n'y avait plus place que pour un seul raisonnement, répété en boucle : il ne pouvait pas avoir besoin d'un avocat *puisqu'il était innocent.*

Mais était-il si innocent que cela ?

Contrairement à ce dont il essayait de se persuader depuis la veille, les policiers n'avaient eu aucun mal à faire voler son alibi en éclats. Tout cela parce que cet imbécile de Julien avait eu la mauvaise idée d'être malade et de ne pas venir prendre son service au Narval...

Stupidement, il en avait bien conscience, Guillaume s'était accroché à son alibi prenant l'eau de partout.

– Oui, c'est possible qu'il n'ait pas été là et que j'aie confondu avec un autre jour... avait-il tenté de plaider, face à Boris Corentin et Aimé Brichot.

Mais, au son de sa propre voix, il comprenait en même temps qu'il n'était pas crédible une seconde.

Oh ! bien sûr, se disculper de ce dont on l'accusait, l'enlèvement et la séquestration d'Emmanuelle, c'est une chose qu'il lui aurait été facile de faire. Seulement, il n'osait pas le faire, par peur que le remède se révèle pire que le mal.

Il ne pouvait pas leur dire qu'à l'heure où on l'accusait d'avoir donné rendez-vous dans le 13ème arrondissement à sa camarade de blogs, il se trouvait chez lui, rue Boulle, en train de faire l'amour.

Avec une fille de 14 ans…

Assis sur la couchette dure, Guillaume se prit la tête entre les mains et ferma les yeux pour ne plus avoir à subir la lumière crue qui tombait du plafonnier.

Mais pourquoi avait-il fallu que cette idiote de Nadia ait l'idée de venir le relancer chez lui, *justement* ce samedi ? Alors qu'elle ne le faisait jamais, qu'ils ne se rencontraient nulle part, en dehors de l'appartement de Levallois…

Bien sûr, à ce moment-là, en découvrant l'adolescente perverse sur son paillasson, il aurait pu lui interdire d'entrer et la renvoyer chez ses parents.

Il aurait dû le faire.

Seulement, voilà : il n'était pas capable de résister à l'érotisme torride qui suintait littéralement des pores de la peau veloutée de Nadia…

Et pourquoi avait-il fallu également, alors qu'il la raccompagnait jusqu'au métro, que Nadia tombe nez à nez avec l'un des voisins de ses parents ? Lequel s'était naturellement étonné de la rencontrer dans ce quartier de Paris si éloigné de chez elle, et avait en plus dévisagé Guillaume d'un œil nettement suspicieux.

Du coup, lorsque les flics étaient venus, la première

fois, l'interroger sur son emploi du temps de samedi, il avait été persuadé qu'ils allaient l'embarquer illico pour détournement de mineure. Et, complètement paniqué à cette idée, il avait forgé cet alibi à la con…

Et, maintenant, s'il revenait en arrière, s'il leur balançait toute la vérité, il serait peut-être blanchi pour cette histoire absurde d'enlèvement, mais il se retrouverait de nouveau inculpé à cause de Nadia.

C'était sans solution.

C'était à devenir dingue.

Quoi qu'il fasse, il était coincé.

Guillaume finit par s'allonger comme il pouvait sur la couchette et se recroquevilla sur lui-même.

« C'est terminé pour moi, je n'ai plus qu'à disparaître » : telle fut sa dernière pensée, avant de sombrer dans un sommeil épais et sans fond.

CHAPITRE VIII

Arnaud Blossière se força à terminer la vaisselle qu'il avait laissé s'accumuler dans l'antique évier de l'immense cuisine, depuis au moins trois jours.

Comme sa mère était dans l'incapacité de quitter le premier étage du château, à cause de son fauteuil roulant, il avait au moins cette liberté de s'occuper des tâches domestiques au moment où ça lui convenait le mieux. D'ordinaire, il s'efforçait de tout faire au jour le jour, afin de ne pas se laisser déborder bêtement.

Seulement, là, depuis une semaine maintenant, il avait d'autres occupations, un centre d'intérêt nouveau et autrement plus puissant que le ménage et la cuisine.

Dès qu'il rentrait de travailler, Arnaud Blossière n'avait qu'une envie : descendre dans les profondeurs des caves pour y retrouver Barbiscotte, son esclave. Cesser d'être Arnaud Blossière pour se métamorphoser en Guillaume Tourain, puisque c'est ainsi qu'Emmanuelle Le Grais pensait qu'il s'appelait.

Tout en s'escrimant, à coups d'éponge récurante, sur le fond d'une petite marmite en fonte, Arnaud se posait à lui-même une question et tergiversait sur la réponse à lui donner.

Allait-il continuer à faire croire à sa prisonnière qu'il était Guillaume Tourain, ou allait-il lui révéler la supercherie ? Lui expliquer comment il avait, grâce à sa compétence informatique, réussi à prendre le contrôle du blog *Dans mon sac !* sans que son légitime administrateur ne s'en aperçoive ? Comment il avait également piraté sa boîte mail en *spoofant* son adresse IP, c'est-à-dire, électroniquement parlant, en usurpant son identité, afin d'attirer sa future proie dans le piège du rendez-vous de la rue Watt ?

Soudain, tandis qu'il posait la marmite enfin propre sur la paillasse de l'évier, la réponse lui apparut, et il haussa les épaules avec une sorte d'auto-dédain.

Évidemment qu'il allait être obligé de tout lui dire ! À cause de la deuxième phase de son plan, qui s'était enclenché la veille, en fin d'après-midi.

Car, depuis une douzaine d'heures, ce n'était plus une mais deux esclaves qui se trouvaient enchaînées dans les profondeurs froides et sombres de la grande bâtisse délabrée, ainsi qu'il était prévu dès le départ.

Sa seconde victime s'appelait Coralie Didier. Son blog s'intitulait un peu sottement *Cora lit*. Car cette jeune femme travaillant dans l'administration d'un lycée de banlieue « à problèmes », comme on dit pudiquement dans les journaux, avait des prétentions littéraires.

C'était même une des deux raisons qui avaient fait que le choix d'Arnaud Blossière s'était porté sur elle, lorsqu'il errait sur les blogs de filles à la recherche de la proie idéale. Il s'était dit qu'il suffirait de flatter ce penchant pour qu'elle morde à son hameçon.

De fait, il s'était aperçu qu'elle était très assidue sur le blog d'un professeur de lettres d'Orléans, dont les écrits assez pédants et péremptoires, mais aussi la personne elle-même, semblaient la fasciner.

Arnaud n'avait plus eu qu'à *spoofer* le blog de ce cuistre. L'opération avait été plus longue et plus délicate que dans le cas de Guillaume Tourain. Pour y parvenir, il avait été obligé d'en passer par le *smurf*, c'est-à-dire d'opérer une attaque par rebond à partir d'un troisième ordinateur servant d'intermédiaire, afin de créer un canal caché entre lui et le blog de ce professeur orléanais, qui se faisait appeler *Criticator* – on voit le niveau de modestie, et celui du ridicule, inversement proportionné.

Lorsqu'Arnaud avait annoncé à Coralie qu'il venait passer deux jours à Paris, elle s'était précipitée d'elle-même dans le piège, en suggérant de manière pressante un déjeuner ou, de préférence, un dîner.

Elle n'avait même pas eu l'air surprise que son cher Criticator lui donne rendez-vous sous un pont ferroviaire de la rue Watt…

Contrairement à ce qui s'était passé dans le cas de Guillaume Tourain, qu'Arnaud Blossière avait, en quelque sorte, à portée de main, il avait dans ce deuxième cas, été obligé de faire très vite. Car, s'il pouvait utiliser le blog, l'adresse IP et même la boîte mail de Criticator, il ne pouvait pas effacer *toutes* les traces de son piratage et courait donc le risque que le prof de lettres finisse par s'en apercevoir.

Mais, enfin, tout s'était déroulé conformément à ses plans, et Coralie était désormais à plusieurs mètres sous ses pieds, enchaînée au sommier métallique sur lequel elle était étendue, suffisamment droguée pour ne même plus savoir comment elle avait pu arriver là.

La deuxième raison qui lui avait fait choisir cette fille-là de préférence à une autre, c'est qu'une photo d'elle, en pied, se trouvait sur la page d'accueil de *Cora lit*. On y voyait une jeune femme de 21 ans, à la chevelure opulente et noire, au visage lourdement sensuel, au corps tout en courbes généreuses. Et Arnaud s'était fait la réflexion qu'elle formerait un contraste parfait avec la blonde, fluette et diaphane Barbiscotte.

Ce qui avait achevé de le décider, c'est que Coralie, dans divers messages de son blog, ne faisait pas mystère de son appétence très grande pour les joies du sexe, et laissait même entendre qu'elle ne les pratiquait pas exclusivement avec des partenaires masculins. Ce qui ouvrait des horizons inédits et intéressants…

La veille au soir, en la déshabillant, Arnaud avait en plus constaté que sa nouvelle prisonnière n'était pas une adepte du rasoir, ni de l'épilation : une touffe très fournie de poils noirs et bouclés s'épanouissait au bas de son ventre, et même deux autres, plus clairsemées, sous chacune de ses aisselles. Du coup, Arnaud s'était demandé s'il n'allait pas raser entièrement le corps d'Emmanuelle, afin d'accentuer encore le contraste entre elles deux…

D'un rapide regard circulaire, il vérifia que tout était en ordre dans la cuisine et quitta la pièce. En passant devant le grand escalier, il s'arrêta et tendit l'oreille.

Tout était parfaitement silencieux à l'étage, sa mère devait dormir. De toute façon, elle disposait d'un bouton de sonnette, qu'il avait lui-même relié à la cave.

Au sous-sol, passant devant la porte derrière laquelle se trouvait Emmanuelle, Arnaud eut la tentation d'entrer pour lui apprendre qu'elle avait désormais une compagne. Mais son envie de voir – et pas seulement de voir… – sa nouvelle proie fut la plus forte et il passa outre.

Il ouvrit la seconde porte en grand et actionna l'interrupteur. Sur le lit, Cora ferma les yeux précipitamment, avec un petit gémissement plaintif, tandis que ses bras et ses jambes faisaient de vains efforts pour se libérer de leurs liens.

De la voir simplement attachée en croix sur le treillage du sommier fit regretter à Arnaud Blossière de ne pas avoir eu le courage de réaliser un deuxième chevalet articulé et électroniquement commandé, semblable à celui sur lequel était attachée Emmanuelle.

Mais il avait vraiment trop peiné pour mettre au point le prototype et il avait reculé devant la perspective de tout recommencer à zéro.

Il n'aurait qu'à faire alterner les deux filles dans la salle du chevalet, voilà tout.

Lorsqu'elle rouvrit les yeux, Cora tourna la tête vers lui et l'enveloppa d'un regard totalement égaré. Apparemment, la drogue n'avait pas tout à fait cessé d'agir.

– Où je suis ? balbutia-t-elle d'une voix pâteuse. Et pourquoi je suis attachée ? Criticator, pourquoi vous me faites ça ? Mais qu'est-ce qui m'arrive…

– Je vais te détacher, ma belle, annonça gentiment Arnaud en s'approchant du lit. D'abord, il faut que tu saches que je ne suis pas ton Criticator à la noix. Je me suis juste servi de lui. Nous sommes dans les caves de ma maison, et cette pièce est ta chambre : c'est là que tu vivras, désormais. Quant à moi, tu dois m'appeler « Maître ». Si tu ne le fais pas, tu seras très sévèrement punie…

Coralie Didier commençait à récupérer ses facultés mentales. Ce qui revenait à se rendre mieux compte de l'espèce de cauchemar dans lequel elle était plongée, à la merci de ce malade dont elle ignorait tout.

– Qu'est-ce que vous allez me faire ? geignit-elle, d'une voix encore faiblarde. Ne me tuez pas ! Je vous en supplie…

– Te tuer ? Mais quelle drôle d'idée ! s'exclama Arnaud Blossière, en finissant de la détacher. Au contraire, tu vas vivre ! Nous allons vivre et nous aimer follement, tous les deux… ou plutôt tous les trois… mais je te raconterai ça plus tard. Pour l'instant, lève-toi ! Attends, je vais t'aider : on dirait que tu n'es pas encore très vaillante… Mais qu'est-ce que tu as à trembler comme ça ?

Arnaud se délectait des réactions qu'il inspirait à cette fille superbe, dont le petit froid humide de la cave faisait saillir les mamelons de sa poitrine lourde. L'excitaient aussi les éclairs de terreur qu'il pouvait discerner dans ses grands yeux sombres, aux pupilles dilatées.

Il la serra brusquement contre lui, plaqua ses lèvres minces sur les siennes et en força le barrage d'une langue impérieuse, presque brutale.

Dans un premier temps, Coralie se raidit pour échapper à l'étreinte et à ce baiser qui l'écœurait vaguement. Puis, presque aussitôt, son cerveau se remit à fonctionner et elle se reprit.

Elle venait de comprendre qu'il lui fallait absolument jouer le jeu. C'était le meilleur moyen, et même sans doute le seul, d'endormir la méfiance de ce dément. De se concilier ses bonnes grâces, si la chose était possible.

Au lieu de chercher à lui échapper, elle s'alanguit contre lui, plaqua ses seins lourds contre son torse et projeta le bassin en avant pour coller son pubis contre la bosse dure qui déformait son pantalon de toile légère. À sa grande surprise, elle sentit l'érection d'Arnaud s'évanouir aussitôt.

Il la repoussa avec une brutalité qui lui coupa les jambes, et elle s'écroula en travers du sommier métallique sur lequel elle venait de passer sa première nuit de captivité. Le visage de son geôlier, auparavant détendu et même souriant, était à présent déformé par un rictus mauvais, presque démoniaque, qui lui fit froid dans le dos.

La vague de terreur, qui avait tant soit peu reflué durant un instant, revint envahir Coralie qui, par réflexe, protégea son visage de son bras replié.

– Non, je vous en supplie ! gémit-elle d'une voix pressante, ne me faites pas de mal ! Je serai gentille, je… je ferai tout ce que vous voudrez ! Tout…

– Ah ! j'aime mieux ça ! s'exclama Blossière, en retrouvant d'un seul coup son sourire bonhomme. Voilà comment une fille doit se conduire avec moi, si elle veut éviter les punitions : docile, humble, soumise, prête à tout subir de bon cœur ! N'oublie jamais qui est le maître et tu vivras heureuse ! Dans le cas contraire… Bon, viens me montrer ce que tu sais faire avec tes doigts et ta jolie bouche gourmande. Dépêche-toi ! Et à genoux, s'il te plaît !

Matée, le corps frissonnant de peur et de froid, Coralie s'exécuta. Elle se laissa tomber à genoux sur le sol rugueux, faisant trembler ses seins lourds et un peu tombants. Puis, elle s'avança maladroitement en direction d'Arnaud Blossière qui, sadiquement, venait de faire deux pas en arrière. Il était occupé à dégrafer son pantalon et toisait sa victime avec un petit sourire vainqueur et suffisant.

Celle-ci, tout comme Barbiscotte, allait payer pour toutes les humiliations que les femmes, les autres, celles d'avant, lui avaient toujours infligées.

Il extirpa de son pantalon ouvert une virilité redevenue flasque, puis se croisa les mains dans le dos :

– Allez, à toi de jouer, maintenant, ma belle Cora ! Et tâche de t'appliquer, sinon…

Avec une petite grimace de douleur, car les aspérités du sol lui écorchaient cruellement les genoux, Coralie saisit entre ses doigts le membre assoupi auquel elle avait donc pour mission expresse de rendre quelque vigueur. Elle commença par lui imprimer un lent mouvement de va-et-vient, tandis que son autre main allait dénicher les deux boules tièdes et duveteuses, entre les cuisses blêmes d'Arnaud Blossière.

Sous les doigts experts de la jeune femme – qui

retrouvait instinctivement sa science de grande et ardente amoureuse –, la virilité reprit très vite toute sa superbe, gonflant et durcissant contre la paume chaude et douce de Coralie. Celle-ci, malgré elle, se fit la réflexion que son partenaire forcé était vraiment bien doté par la nature et que, en d'autres circonstances, elle aurait sûrement pris plaisir à manipuler cette hampe de chair dure et noueuse, qui relevait fièrement la tête, d'un air conquérant et dominateur.

En d'autres circonstances, oui…

– Ta bouche, maintenant ! ordonna soudain Arnaud Blossière, d'une voix un peu plus sourde. Pompe-moi bien à fond, espèce de petite putain !

Docilement, Coralie écarta ses lèvres pulpeuses, après les avoir rapidement humectées du bout de la langue. Puis, lentement, elle les fit coulisser autour du membre palpitant, comme un anneau souple et vivant.

Blossière émit un long soupir de bien-être et renversa légèrement la tête en arrière, cependant que la langue agile de sa partenaire s'enroulait autour de sa virilité, tel un véritable fourreau de chair.

– Oh ! oui, c'est bon ! rugit Blossière, en donnant un coup de reins en avant, pour empaler plus profondément cette bouche chaude et accueillante. Tu aimes ça, toi aussi, hein, ma belle salope ? Ça t'excite de sucer des belles grosses queues comme la mienne, pas vrai ?

Ne serait-ce qu'en raison du pieu de chair noueuse qui allait et venait entre ses lèvres, Coralie était parfaitement hors d'état de répondre. Les yeux mi-clos, sous l'effet de la concentration, elle s'appliquait à se faire la plus douce possible, histoire d'accélérer le dénouement.

– Vas-y ! montre-moi comment tu es en chaleur, continuait Blossière en grinçant des dents. Branle-toi !

Prête à toutes les complaisances pour en finir plus vite, Coralie alla enfouir sa main gauche entre ses cuisses un peu grasses et lui imprima un mouvement de houle régulier, mimant la masturbation.

– Écarte-moi tout ça ! rugit Arnaud Blossière d'une voix tonnante. Je veux voir !

Sans cesser d'aspirer la virilité qui envahissait sa bouche, Coralie ramena sa jambe droite devant elle et posa le pied par terre, gardant l'autre genou au sol, dans la position d'un futur chevalier au moment de l'adoubement. Puis, elle écarta sa cuisse fléchie au maximum vers l'extérieur de son corps.

– Voilà ! là, c'est parfait ! apprécia Blossière. Et maintenant, allez : astique-le, ton petit bouton ! Fais-moi bien reluire cette jolie chatte en manque de queue !

De nouveau, Coralie enfouit ses doigts grassouillets au milieu de l'épaisse forêt noire et bouclée qui envahissait le bas de son ventre. Son index trouva tout naturellement le petit bourgeon de chair dure qui marquait la jonction supérieure des pétales intimes de sa fleur la plus sensible.

Mais il ne se passa rien. D'ordinaire, Coralie n'avait pas besoin de solliciter longtemps son petit organe érectile avant de ressentir les premiers élancements du plaisir. Elle était ce que certains hommes appellent une « chaudasse ».

Mais là, non. Il lui semblait que tout son corps, ainsi que son esprit d'ailleurs, était pris dans une gangue de glace qui l'empêchait de rien ressentir d'agréable. Malgré tout, elle continua de mimer la caresse exigée. En espérant que ça accélérerait d'autant le plaisir de l'homme qu'elle engloutissait méthodiquement entre ses lèvres chaudes et veloutées.

Elle en fut pour ses frais.

– Bon, ça suffit comme ça, les mise-en-bouche ! s'exclama Blossière, en la repoussant sans trop de ménagement. On va passer aux choses sérieuses, maintenant : va te mettre en position sur le sommier ! Allez, bouge ton cul, pendant que je bande bien à fond !

Sans dire un mot, Coralie se releva et alla s'agenouiller sur le treillage métallique, prenant appui sur les avant-bras pour bien faire saillir sa croupe large et profondément fendue.

Elle poussa un petit soupir de soulagement, en sentant le membre dur et volumineux fouiller sa toison et tâtonner quelques secondes à l'entrée de son sexe.

Au moins, c'était toujours ça de pris : il n'avait pas choisi la voie la plus douloureuse...

S'agrippant à ses hanches larges et souples, avec un grognement de bête en rut, Arnaud Blossière s'engloutit d'une seule poussée dans ce ventre féminin sans défense. Puis, il entreprit de la labourer à grands coups de reins, cependant que ses mains remontaient le long de son torse pour aller pétrir ses seins pendants avec une absence totale de douceur.

Coralie émit un petit gémissement douloureux lorsque les doigts de Blossière pincèrent sauvagement ses mamelons dardés par le froid. Les mains agrippées aux montants métalliques du lit, elle s'efforçait de ne penser à rien, et surtout pas au pieu de chair qui lui martelait le ventre, provoquant dans tout son bassin des élancements pénibles.

Une seule chose comptait pour elle : la respiration de son violeur – car il n'y avait pas d'autre mot, dans son esprit, pour désigner l'homme qui la pénétrait – devenait de plus en plus rapide et saccadée, preuve qu'il n'allait sûrement plus tarder à jouir.

Après, elle pourrait souffler un peu...

Mais lorsque Blossière se retira brusquement de son ventre béant, elle comprit qu'une ultime épreuve lui était réservée. Et que son bourreau n'avait pas l'intention d'épargner le moindre orifice de son corps.

– Et maintenant, le galop final ! annonça-t-il d'une voix sourde, en appliquant la tête gonflée de sa virilité tendue contre le petit œillet plissé et fragile, niché au plus secret de sa croupe, frémissante d'appréhension.

Cette fois, Coralie cria franchement, lorsque la verge noueuse lui déchira les reins sur toute sa longueur. Arnaud Blossière se mit à la besogner avec une telle force, une telle rage même, que la tête de la jeune femme alla heurter le mur avec violence. Mais elle ne sentit rien à cet endroit-là, tellement elle avait l'impression que tout le bas de son corps n'était plus qu'une boule de feu lui dévorant les entrailles.

Heureusement, enserré dans cet étroit anneau de chair souple, Arnaud Blossière arriva très vite à l'orgasme. Sur un ultime coup de reins, plus brutal encore que les précédents, il se ficha en elle jusqu'à la garde, son ventre plaqué contre la croupe ronde de sa victime, et se déversa à longs jets brûlants, en éructant comme un dément en crise.

Quand, enfin, il se retira d'elle, Coralie ressentit un soulagement si intense, une telle chute de tension, qu'elle s'écroula sur le sommier et éclata en sanglots, incapable de faire le moindre mouvement.

– Ça m'aurait étonné, fit dédaigneusement Arnaud Blossière, tout en se rajustant. Les filles, faut toujours que ça pleurniche, vous ne savez faire que ça…

Puis, il sortit rapidement de la cave, et Coralie se retrouva seule, comme enveloppée de ténèbres. Et elle se rendit compte que, sauf miracle, personne ne viendrait jamais la chercher ici, qu'elle était comme une morte vivante, prématurément ensevelie sous terre.

Sauf miracle, oui…

Mais comment un miracle pourrait-il se produire ?

Chapitre IX

– Grand chef, il ne nous reste plus que quatre heures et douze minutes…

– Tu crois que je ne le sais pas, peut-être ? répondit Boris Corentin, avec une brusquerie qu'il regretta aussitôt. Oui, bon, excuse-moi, je suis un peu à cran, là…

– T'es pas le seul… soupira Géraldine, en allumant son ordinateur de bureau.

Légalement, la garde à vue de Guillaume Tourain se terminait dans un peu plus de quatre heures. Bien sûr, il y avait la possibilité de la prolonger de 24 heures. Mais le juge d'instruction avait d'ores et déjà averti Charlie Badolini qu'il n'accepterait pas cette prolongation.

Or, Guillaume Tourain se refusait toujours à passer aux aveux. Boris Corentin, Aimé Brichot et Géraldine Hébert se relayaient auprès de lui pour tenter de lui faire comprendre que son alibi était nul et qu'il était suicidaire pour lui de s'y accrocher comme il le faisait.

Peine perdue.

– Le pire, c'est que je sais qu'il nous cache quelque chose, soupira Boris Corentin. Mais j'en arrive à me demander, parfois, quand je l'ai en face de moi, si ce n'est pas autre chose que ce qu'on cherche…

Incapable de rester en place, Boris se leva de sa chaise et se mit à arpenter le bureau.

– Je ne sais pas comment tu fais pour rester aussi calme, Petit bonhomme… soupira-t-il en passant devant le bureau de Géraldine pour la troisième fois.

– Je m'occupe l'esprit en allant sur les blogs, répondit-elle. Enfin, l'esprit, c'est beaucoup dire… Tiens, viens voir, je vais te montrer un truc rigolo…

Boris Corentin contourna le bureau et vint se placer derrière sa coéquipière. Incorrigible, il nota que sa position lui offrait une vue délicieusement plongeante sur sa poitrine ronde et d'une fermeté irréprochable.

– Tu te souviens de Didier Goux et de sa femme ? demanda Géraldine.

– …

– Mais si, tu sais bien : le gros pochtron qu'on est allé interroger en Normandie, il y a deux mois, juste avant de partir pour le Gers, rencontrer Renaud Camus ! [1]

– Ah ! d'accord…

– Eh bien ! figure-toi que j'ai découvert un peu par hasard qu'il avait un blog, lui aussi !

1. Voir le Brigade mondaine N° 279 : *Le Maître de Plieux.*

– Ah ouais ? C'est pas plutôt un truc de jeunes, ça ?

– Pas seulement, non, répondit Géraldine. Tiens, regarde. Je tape le code : http//didiergoux.blogspot.com et alors…

Boris Corentin vit en effet apparaître sur l'écran une page d'accueil dont l'intitulé était : *Didier Goux habite ici*, en jaune sur fond vert. Sur le côté droit, paradait un dessin représentant Babar portant dans sa trompe le drapeau français.

– Et il raconte quoi, notre ami, sur son blog ? demanda Boris, que la réponse n'intéressait pas particulièrement.

– Des conneries, répondit sobrement Géraldine. Mais il lui arrive d'être assez drôle, notamment quand il délire sur son Irremplaçable Épouse, ainsi qu'il appelle sa femme, ainsi que tu dois t'en souvenir. Comme il écrit aussi des romans, il lui arrive d'en mettre des extraits en ligne et de…

Géraldine Hébert fut interrompue par l'ouverture à grand fracas de la porte du bureau. Corentin et elle virent surgir un Brichot excité comme une puce, la moustache en bataille et la cravate de travers.

– Ça y est ! il s'est décidé à parler !

Il n'eut pas besoin de leur préciser qu'il faisait allusion à Guillaume Tourain.

Aussitôt, d'un même élan, Boris et Géraldine se précipitèrent vers lui, avec la même phrase leur jaillissant des lèvres :

– Alors ? Qu'est-ce qu'il a dit ?

En quelques phrases, Aimé Brichot leur répéta les explications de Guillaume Tourain, concernant sa liaison avec la jeune, la trop jeune Nadia Durazzi.

– Elle était chez lui, au moment où Emmanuelle Le Grais se faisait enlever, conclut Aimé Brichot. C'est du moins ce qu'il prétend.

– On va vérifier ça immédiatement, dit Boris Corentin. Si la gamine confirme, ça voudra dire que Guillaume Tourain n'est peut-être pas notre homme.

– *Peut-être* pas ? s'étonna Géraldine. Mais pourquoi il irait s'accuser d'un truc, détournement de mineure, qui peut le renvoyer en taule, si ce n'était pas vrai ?

– On ne sait jamais… commença Corentin.

Mais il fut interrompu par la sonnerie du téléphone, sur son bureau. Il se précipita pour décrocher.

– Oui, Monsieur le divisionnaire, c'est moi…

Ensuite, il y eut un long silence de Boris, durant lequel, supposèrent les deux autres, Charlie Badolini devait exposer ce qu'il avait à dire.

À mesure que les secondes s'égrenaient, Aimé et Géraldine voyaient l'excitation s'emparer de Boris et ils grillaient autant l'un que l'autre d'impatience.

– On peut relâcher Guillaume Tourain ! leur annonça-t-il juste après avoir raccroché. Il est innocent !

– On peut savoir d'où te vient une telle certitude ? demanda Brichot. Baba a eu une illumination divine ?

– Non, un coup de fil du service des disparitions, répondit Corentin. Qui s'occupe depuis hier d'une certaine Coralie Didier, une fille qui a disparu sans laisser de traces. Ou plutôt, si, en en laissant justement.

– Une blogueuse ? demanda Géraldine.

– Bravo, Petit bonhomme, tu piges vite ! Une blogueuse, en effet. Et qui a accepté le rendez-vous que lui fixait, par mail, un certain *Criticator*, un autre blogueur basé à Orléans. Et vous savez où était le point de rendez-vous ?

– Pas rue Watt, tout de même ? fit Aimé Brichot, l'air très incrédule.

– Si, Mémé ! Seulement, là où ça se complique, c'est que, lorsqu'ils ont découvert ça, nos amis des dispas se sont évidemment mis en relations avec le Ciat[1] d'Orléans pour qu'ils aillent interroger ce Criticator, lequel se trouve être prof de lettres au lycée Pothier.

– Et ? fit simplement Géraldine.

– Et ils ont découvert que, à l'heure où Coralie Didier était censée aller à son rendez-vous de la rue Watt, notre Criticator était en train de faire passer les oraux du bac de français au lycée Benjamin-Franklin, à Orléans. De plus, il affirme qu'en raison du bac, il n'a pas ouvert son ordinateur depuis au moins quatre jours, ce que nos collègues d'Orléans sont en train de vérifier – il paraît qu'on peut faire ça.

1. Abréviation pour « commissariat », en jargon policier

– On peut, confirma Géraldine, plus calée en informatique que ses deux collègues masculins.

– Mais alors, fit Aimé Brichot, si le prof a un alibi en béton et que Guillaume Tourain était dans sa cellule au moment de cette deuxième disparition, ça veut dire qu'il faut chercher un troisième homme, ou je rêve ?

– Il faut rechercher ce qu'on appelle un *hacker*, répondit Boris Corentin. C'est-à-dire un pirate informatique. Quelqu'un d'assez doué pour prendre le contrôle d'un blog, dont il ne possède pas le mot de passe, et s'en servir pour attirer des filles dans ses filets.

– Putain, ça se complique ! lâcha Géraldine. C'est qu'il peut être absolument n'importe où, ce mec !

– Justement, non, il ne peut pas être n'importe où ! répondit triomphalement Corentin.

– Tu nous expliques ou on meurt idiot ? demanda Aimé Brichot, quelque peu largué.

– C'est tout simple, répondit Boris Corentin. Les mails que l'on a trouvés dans l'ordinateur de Coralie Didier portaient bien l'adresse IP du professeur d'Orléans, *mais il n'y en avait aucune trace dans son ordinateur*. Ce qui veut dire qu'on s'est servi de son adresse, mais à partir d'un autre ordinateur.

Rouge d'excitation, Géraldine Hébert intervint :

– Alors que les gars de l'informatique ont bel et bien retrouvé trace des messages envoyés à Emmanuelle Le Grais dans l'ordi de bureau de

Guillaume Tourain !

– On peut donc en déduire raisonnablement… commença Corentin.

– Que ton *hacker* fait partie de la boîte d'assurance où travaille Tourain ! enchaîna Brichot, qui venait de raccrocher son wagon au train.

– Exact, Mémé ! Ça circonscrit tout de même pas mal les recherches, non ?

– Oui, évidemment, fit Brichot, en triturant machinalement la pointe de sa moustache. Seulement, je vois mal *concrètement* comment on peut procéder…

– Le type qui a fait ça n'a pas dû pouvoir utiliser *à chaque fois* l'ordi de Guillaume Tourain, fit observer Géraldine. Il peut avoir aussi opéré à partir du sien, notamment pour la deuxième fille, Coralie…

– C'est possible admit Aimé Brichot, mais je nous vois mal réquisitionner tous les ordinateurs de cette société qui a l'air énorme ! Jamais aucun juge ne nous signera de com' pour un truc pareil !

– Non, ce qu'il faudrait, fit alors Boris Corentin, les yeux dans le vague, c'est un moyen de ne pas passer par le circuit officiel… Si on connaissait un particulier assez doué en informatique et disposé à nous donner un petit coup de main en toute discrétion…

Et, avec un bel ensemble, les têtes de Boris Corentin et d'Aimé Brichot se tournèrent vers Géraldine. Laquelle, après un moment d'incompréhension, éclata de rire :

– Ah ! on peut dire que vous ne manquez pas d'air, les garçons ! Je me fais engueuler comme du poisson pourri parce que j'ai fait un truc illégal et dévoilé à des tiers les secrets d'une enquête, et, deux jours plus tard, vous me poussez à recommencer ?

– Tout est affaire de circonstance, Petit bonhomme… fit sentencieusement Boris.

Chapitre X

– Allez, sois contente, ma petite Barbiscotte : tu vas pouvoir te dégourdir un peu les jambes ! Et, en plus, j'ai une grande surprise pour toi, aujourd'hui…

La voix un peu trop exaltée d'Arnaud Blossière fit frissonner Emmanuelle malgré elle. Pourtant, à l'idée d'être détachée du chevalet, elle ne put s'empêcher de ressentir une certaine gratitude envers cet homme qui, pourtant, la maintenait dans une sorte d'épouvantable esclavage, qui faisait d'elle une emmurée vivante, soumise à tous ses caprices.

La veille, avant de la rattacher pour la nuit sur la table articulée, il lui avait révélé qu'il n'était pas Guillaume Tourain. Emmanuelle Le Grais en avait ressenti un étrange soulagement – étrange eu égard à sa situation. Elle s'était dit qu'elle allait pouvoir continuer à penser au vrai Guillaume avec tendresse, ce qui lui était un réconfort certain.

Lorsque, débarrassée des liens qui l'entravaient,

Emmanuelle voulut se mettre debout, elle faillit s'écrouler, tant ses muscles étaient ankylosés. Blossière la rattrapa à temps et, la soutenant sous les aisselles, avec une sollicitude presque paternelle, il l'aida à marcher dans la pièce, jusqu'à ce que le sang se remette à circuler normalement dans ses membres et qu'elle soit capable de le faire toute seule.

– Et maintenant, la surprise, annonça son geôlier. Viens… Suis-moi…

Emmanuelle sentit son cœur battre plus rapidement et plus fort : elle venait de réaliser que, pour la première fois depuis le début du cauchemar, elle allait pouvoir sortir de la cave où elle vivait enfermée.

Arnaud Blossière la précéda dans le couloir sombre, au plafond de pierre voûté, sans paraître s'occuper si elle le suivait ou non. Emmanuelle tourna la tête vers la gauche et aperçut les premières marches d'un escalier montant vers la surface.

Montant vers la liberté…

– La porte du haut est fermée à clé, ma petite Barbiscotte, dit très calmement Blossière, qui avait parfaitement deviné la tentation de sa prisonnière. Ne gaspille ni ton souffle ni tes forces : tu vas en avoir besoin…

Il était déjà parvenu à la porte suivante, dont il débloqua le verrou. Résignée, Emmanuelle se tenait juste derrière lui, le petit froid humide de la cave faisant frissonner sa peau nue. Arnaud Blossière ouvrit la porte en grand et annonça d'une voix forte et un peu théâtrale :

– Ma petite Barbiscotte, j'ai le plaisir de te présenter mon autre reine, celle qui va devenir ta compagne, ton amie très chère pour le restant de vos jours !

Sur le seuil, Emmanuelle resta muette de saisissement. Elle venait de découvrir, dans cette cellule à peu près semblable à la sienne, un lit métallique, dépourvu de sommier, sur lequel était attachée une fille nue, aussi brune qu'elle-même était blonde, aussi voluptueuse et grasse qu'elle était fluette. Et qui, tête tournée vers la porte, la contemplait avec le même effarement dans ses yeux noirs.

– Eh bien ! vous voilà donc réunies ! s'exclama Arnaud Blossière, que la stupeur incrédule de ses deux esclaves faisait jubiler. Qu'est-ce que vous dites de ça, mes belles ? Ah ! mais c'est que je n'ai pas fait les présentations, je manque à tous mes devoirs ! Voici Emmanuelle, dite Barbiscotte. Et, sur le lit, c'est Coralie, dite Cora. Mais, si ça se trouve, dans votre ancienne vie, il vous est peut-être arrivé de parler ensemble, par vos blogs interposés ? Ce serait farce, non ?

Mais, visiblement, aucune des deux filles ne trouvait ça particulièrement « farce »...

– Allez, Barbiscotte : va te mettre sur le lit avec ta nouvelle amie, que je puisse profiter du charmant tableau que vous allez m'offrir. Et profites-en pour la détacher : elle doit commencer à en avoir marre d'être allongée, cette pauvre Cora…

Encore mal revenue de sa surprise, Emmanuelle marqua un temps d'arrêt avant d'obéir. Ce qui lui valut une claque retentissante sur ses fesses nues. Elle se dépêcha de traverser la cellule sans fenêtre pour aller retrouver la fille brune.

– Asseyez-vous l'une près de l'autre, dos contre le mur ! ordonna Blossière, lorsque Emmanuelle eut fini de détacher Coralie. Cora, enlace la taille de Barbiscotte ! Et, toi, prends-la par les épaules… Non, plutôt l'inverse, finalement ! Et, toi, Cora, passe ta jambe gauche entre celles de Barbiscotte… Voilà, comme ça, c'est absolument parfait ! Vous êtes superbes, mes reines !

Arnaud Blossière resta un long moment à contempler le tableau vivant, depuis le seuil de la cave. Tableau qui s'était formé sur ses indications précises. Pour la première fois de sa vie, il se sentait une âme d'artiste. Il lui semblait apprécier en esthète raffiné les différents contrastes formés par les deux filles entre elles. La peau blanche, diaphane d'Emmanuelle avec celle beaucoup plus mate de Coralie ; son ventre à peine ombré de fins filaments d'or, comparé à la sombre efflorescence de sa voisine ; son corps fluet mis en valeur par les courbes voluptueuses et opulentes de l'autre ; la blondeur évanescente de sa première reine, à côté de la crinière noire et épaisse de la seconde. Oui, vraiment, il n'avait plus aucun doute à son propre sujet : il était un artiste.

Sa jouissance « esthétique » dura plusieurs minutes. Pendant ce temps, Emmanuelle et Coralie, qui, chacune de son côté, avaient déjà eu l'occasion de supporter les accès de fureur incontrôlables du « maître », s'efforçaient de demeurer rigoureusement immobiles, afin de ne pas en provoquer un nouveau, si c'était possible.

Seulement, la curiosité les poussant, elles ne pouvaient pas s'empêcher, de temps à autre, de glisser chacune un regard furtif vers sa voisine, pour voir à quoi elle ressemblait. Tout en se demandant pourquoi, après les avoir maintenues isolées, leur geôlier avait maintenant décidé de les réunir.

Comme pour répondre à cette question informulée, Arnaud Blossière sembla sortir enfin de sa rêverie et fit quelques pas en direction du lit, un étrange petit sourire aux lèvres.

– Hier, alors que je pensais à vous avant de m'endormir, je me suis dit comme ça que c'était complètement idiot de ne profiter de vous que l'une après l'autre. Que ce serait beaucoup plus gentil, et beaucoup plus excitant aussi, de s'amuser tous les trois ensemble ! Comme de bons amis… Qu'est-ce que vous en dites, mes reines ?

Ni Emmanuelle ni Coralie ne se risquèrent à la moindre réponse. De toute façon, Blossière ne semblait pas en attendre une. Il s'était dirigé ver une petite armoire de bois, trapue et toute de guingois, dont la porte produisit, en s'ouvrant, un grincement lugubre. Il en sortit deux godmichets, l'un énorme et noir, l'autre couleur chair, d'une taille un peu plus raisonnable, mais impressionnant tout de même.

Emmanuelle, qui voyait des phallus artificiels pour la première fois de sa vie, ouvrit des yeux ronds et eut une petite grimace, où se mêlaient le dégoût et l'appréhension.

Quant à Coralie, qui usait régulièrement de ce genre d'accessoires pour son plaisir personnel, ou avec certaines de ses « amies », elle resta imperturbable. Même si, au fond d'elle-même, elle était tout de même un peu inquiète de la taille des engins en question.

Portant les deux gods comme des saints sacrements, Arnaud Blossière revint vers le lit. Il tendit la verge rose à Coralie et la noire à Emmanuelle. Qui s'en emparèrent sans oser discuter. Puis, il vint se placer debout au pied du lit, s'appuyant des deux mains au montant métallique.

– Bon, allons-y, mes reines, en place pour le premier tableau ! clama-t-il, les yeux luisants d'excitation. Barbiscotte, c'est à toi de commencer le spectacle ! Mets-toi bien dans la tête que tu es un homme et que tu as décidé de tout mettre en œuvre pour faire jouir la petite pute qui t'est tombée entre les mains. Et ne t'avise pas de faire semblant, car si Cora ne prend pas son pied, c'est toi qui en subiras les conséquences ! Je te laisse imaginer lesquelles…

Blossière éprouva une vraie jouissance à voir la lueur de panique qui passait dans les yeux bleu porcelaine d'Emmanuelle, mais aussi, plus fugitivement, dans ceux très noirs de Coralie.

Emmanuelle se sentait cruellement embarrassée. D'après les ordres donnés, c'est à elle que revenait l'initiative de ce « premier tableau », comme avait dit leur « maître ». À elle de se comporter « en homme ».

Le problème, c'est qu'elle n'avait aucune idée de la manière dont elle devait s'y prendre. Et encore moins l'envie.

Le gros godmichet noir toujours en main, elle se tourna vers Coralie. Son regard enveloppa son visage lourdement sensuel, aux lèvres épaisses, au regard sombre.

Puis ses yeux descendirent le long du corps un peu trop gras de sa future partenaire, glissèrent le long de ses seins lourds, légèrement tombants, nantis de larges aréoles brunes et de mamelons épais, avant d'arriver à l'incroyable fouillis de poils noirs qui proliférait à la jonction de ses cuisses charnues.

Emmanuelle ne put réprimer une moue de vague répulsion. Contrairement à d'autres, les filles ne l'avaient jamais intéressée. Enfin, en tant que copines, si, mais pas en tant que possibles objets de désir sexuel. Le corps de la femme, à ses yeux, était détaché de tout contexte érotique, c'était comme ça, elle n'y pouvait rien.

Et jamais elle n'avait été tentée de céder aux avances amoureuses de telle ou telle fille, lorsqu'elle était au collège puis au lycée.

Seulement, là, il allait bien falloir qu'elle passe outre ce manque d'attirance, puisque tels étaient les ordres formels de leur maître…

– Vas-y, fais ce qu'il dit… souffla alors Coralie, tout près de son oreille, pour ne pas être entendue de Blossière. Sinon, ce malade est capable de nous massacrer ! Tu vas voir, ce n'est pas si désagréable que tu le penses…

Et, joignant le geste à la parole, Coralie enlaça le corps mince et délié d'Emmanuelle, afin de l'attirer contre elle. La petite blonde fut surprise de la douceur de cette peau de fille contre la sienne. Même, très étonnée, elle ressentit un vague trouble, lorsque les gros seins de sa partenaire vinrent s'écraser contre sa petite poitrine aiguë.

Emmanuelle eut un petit soupir résigné, avant de refermer à son tour ses bras dans le dos de la brune. Pourquoi continuer à tergiverser ? Puisqu'il faudrait y aller, de toute façon, à un moment ou à un autre…

Alors, levant légèrement la tête, assumant son rôle de mâle d'occasion, elle ferma les yeux et posa doucement sa bouche sur celle de Coralie.

Elle fut surprise de sentir les lèvres de sa partenaire

s'entrouvrir aussitôt sous son baiser, et une langue agile venir à la rencontre de la sienne.

Son corps se raidit à ce contact inhabituel et elle faillit se rejeter en arrière pour y échapper. Mais, aussitôt, Emmanuelle se dit qu'en refusant ostensiblement de jouer le jeu qui leur était imposé, elle risquait de provoquer la colère, et donc la vengeance, d'Arnaud Blossière.

Alors, comme on se jette d'un seul coup dans une eau un peu trop froide, Emmanuelle s'abandonna complètement au véritable baiser que Coralie était en train de lui donner, avec une fougue qui lui paraissait de moins en moins simulée. Elle se donna du cœur au ventre en se disant qu'après tout cela ferait toujours une nouvelle expérience à son actif…

Au moment où tout son corps se détendait, Emmanuelle sentit les mains de sa partenaire descendre de ses épaules pour venir caresser doucement la peau diaphane de son dos. Contact qui, à sa grande surprise, la fit frissonner. Mais, pour une fois, frissonner *agréablement*.

Et lorsque les mêmes mains se refermèrent sur ses fesses menues mais parfaitement rondes, Emmanuelle ne fit rien pour se soustraire à leur caresse. Au contraire, comme malgré elle, son corps délié se plaqua plus étroitement contre celui de Coralie, et elle laissa ses propres doigts glisser en direction de la croupe généreuse de la brune.

– C'est bien ! c'est très bien ! s'exclama Arnaud Blossière, à moins de deux mètres d'elles. On sent que vous y mettez du cœur ! de la passion ! C'est parfait, continuez ! Montrez-moi quel genre de petites blogueuses en chaleur vous êtes !

Du coin de l'œil, Emmanuelle put constater que leur kidnappeur avait sorti son membre en pleine érection de son pantalon et qu'il le caressait lentement, d'une main souple et comme négligente.

Coralie et elle n'avaient toujours pas mis fin à leur baiser. Chacune tenait toujours en main le godmichet qu'on leur avait imposé, tandis que de l'autre main, elle caressait le corps de sa partenaire. Comme elles étaient à peu près de la même taille, leurs deux poitrines s'écrasaient l'une contre l'autre, en agaçant mutuellement les mamelons dardés.

Coralie avait glissé l'une de ses jambes entre celles d'Emmanuelle et, du haut de sa cuisse charnue, frottait fiévreusement son entrejambe, légèrement voilé d'or fin et bouclé.

– Allongez-vous par terre, maintenant ! ordonna Blossière, d'une voix plus sourde. Barbiscotte, je veux te voir baiser cette grosse salope comme elle le mérite !

– Faisons ce qu'il dit, souffla Coralie, en se détachant à regret du corps gracile de sa compagne. Et puis, pour tout dire, je n'aurai même pas besoin de me forcer. Tiens, touche un peu, pour voir…

Elle prit d'autorité la main d'Emmanuelle et la fourra entre ses cuisses, sans que celle-ci ait la présence d'esprit de réagir. Elle sentit d'abord le contact soyeux de l'épaisse forêt qui masquait entièrement le sexe de sa partenaire. Puis, ses doigts s'enfoncèrent tout seuls dans une chair infiniment douce et, en effet, aussi onctueuse qu'un pot rempli de miel.

Emmanuelle fut assez surprise de n'en ressentir aucun dégoût. Au contraire, elle se sentait comme prise de fierté, à l'idée que c'était elle, par son baiser et quelques effleurements timides des doigts, qui avait provoqué ce phénomène typiquement féminin...

Sans lâcher la main de sa compagne, Coralie descendit du sommier métallique et s'allongea sur le sol rugueux, entraînant Emmanuelle avec elle. Celle-ci se retrouva à genoux, tout contre le corps nu et frémissant de la brune. Laquelle la dévorait littéralement du regard, les cuisses légèrement écartées sur la touffeur de son ventre, les pointes de ses seins dardées et très dures, la respiration courte.

– Tu es vraiment très belle ! souffla Coralie, en se léchant machinalement les lèvres. Viens ! fais-moi l'amour... pour de vrai ! J'en ai besoin...

Irrésistiblement attirée par cette voix rauque et implorante – la voix même du désir –, Emmanuelle ne chercha plus à démêler ni à comprendre ce qui se passait en elle.

Elle se laissa tomber de tout son poids sur le corps pantelant de Coralie et se mit à le dévorer de baisers. Le cou et les épaules d'abord, puis les seins.

Elle se surprit à trouver très excitant de prendre et de faire rouler entre ses lèvres les mamelons épais, durs et légèrement grenus, et à prendre plaisir aux soupirs rauques et aux soubresauts que provoquaient les douces morsures qu'elle leur infligeait, l'un après l'autre.

Dans le même temps, la main gauche de Coralie s'était faufilée entre son ventre et celui d'Emmanuelle, vautrée sur elle, pour atteindre l'orée de sa fine toison blonde, au cœur de laquelle ses doigts s'étaient enfouis.

Lorsque l'index habile et expérimenté de Coralie atteignit le petit bouton de chair dur, niché tout en haut de sa corolle intime, Emmanuelle perdit complètement la tête. Les dernières digues, les ultimes verrous de son esprit sautèrent en même temps. Le feu aux tempes, elle rampa sur le corps satiné et mat de Coralie et, d'elle-même, se plaça tête-bêche au-dessus d'elle.

Aussitôt, la brune ardente noua ses bras autour des reins d'Emmanuelle, pour attirer vers sa bouche avide, la fleur nacrée de son ventre, qui semblait la narguer et la provoquer, à quelques centimètres de ses pupilles dilatées.

Lorsqu'elle sentit les lèvres de Coralie se plaquer contre son intimité et sa langue impatiente plonger au plus secret d'elle-même, Emmanuelle poussa un bref cri rauque. Puis, littéralement possédée par le désir que sa compagne allumait en elle, elle plongea à son tour son visage entre les lourdes cuisses écartelées, plaquant sa bouche au cœur du buisson noir et épais, tout emperlé de rosée amoureuse.

– Non, pas comme ça ! se mit alors à crier Arnaud Blossière, d'une voix furieuse. Les gods, bon Dieu ! Servez-vous des gods ! C'est un ordre !

Mais c'était déjà trop tard. Possédées par le plaisir que chacune donnait à l'autre, de la langue et de lèvres, Emmanuelle et Coralie ne l'écoutaient plus. Ou, plus exactement, ne l'entendaient plus. Elles étaient littéralement enfermées dans leur désir mutuel, étrangères à tout ce qui n'était pas elles, et rien ni personne n'aurait plus été capable de les arracher l'une à l'autre.

Contrarié et furieux de se voir désobéi, Arnaud Blossière eut un instant la tentation de bondir sur les deux filles pour leur apprendre, à sa manière, ce qu'il en coûtait de désobéir aux ordres du maître.

Mais, pour lui aussi, c'était déjà trop tard.

Stimulé par sa colère, il avait sans le vouloir accéléré notablement les mouvements de va-et-vient de sa main crispée sur son sexe tendu à se rompre. Lorsqu'il prit conscience qu'il venait d'atteindre le point de non retour, il se contenta de faire deux grands pas en avant, de façon à se retrouver à la verticale des deux filles enlacées. Et il oublia sa colère pour se concentrer sur le plaisir qui montait de ses reins à une vitesse fulgurante.

Son long cri rauque de délivrance se mêla aux halètements furieux des deux filles échevelées, qui roulaient sur le sol comme des possédées, chacune rendue folle par les coups de langue de plus en plus profonds de l'autre.

Emportées par leurs orgasmes jumeaux, elles ne s'aperçurent même pas de la pluie séminale qui tombait sur leurs corps nus, en longs filaments blanchâtres.

Lorsque Arnaud Blossière reprit enfin ses esprits, Coralie et Emmanuelle, encore haletantes, les cheveux collés aux tempes par la sueur, gisaient encore sur le sol, étroitement enlacées. Les yeux fermés, Emmanuelle ne bougeait plus, se laissant caresser doucement le dos et les fesses par Coralie, qui picorait son cou et sa nuque de petits baisers amoureux.

Le plaisir refluant, Arnaud Blossière fut repris par la colère qui l'avait saisi en constatant que ses deux « reines » contrevenaient à ses ordres. Il fut tenté de se précipiter sur elles pour les rouer de coups. Il s'apprêtait déjà le faire, le corps tendu et les poings serrés.

C'est alors qu'il prit conscience du temps considérable qui avait passé depuis sa descente dans les caves, à son ordinateur d'abord, puis avec les filles. Et il réalisa que, s'il ne remontait pas tout de suite, il n'aurait jamais le temps de préparer le dîner de sa mère pour sept heures et demie.

Une éventualité qui, simplement à l'envisager, lui glaça littéralement le sang.

Arnaud Blossière se rua vers la porte, l'ouvrit à la volée, la reclaqua derrière lui, tourna le verrou et bondit vers l'escalier. Ce n'est qu'une fois en haut qu'il réalisa qu'il avait laissé les deux filles dans la même cave.

« Tant pis, songea-t-il. De toute façon, elles sont enfermées. Et ça me fera l'occasion de redescendre leur faire une petite visite punitive lorsque Maman sera couchée… »

Il déboula comme un taureau dans la cuisine et jeta un coup d'œil angoissé à la vieille pendule murale. Elle marquait sept heures moins cinq, mais elle avait tendance à retarder : ç'allait être ric-rac…

Il mit le restant de soupe à réchauffer doucement – Antoinette du Ronceaux ne pouvait concevoir un dîner ne commençant pas par un bol de soupe, quelle que soit la saison…

Puis, il sortit les deux derniers œufs et une petite barquette de lardons prédécoupés du vieux frigo, qui faisait un bruit de locomotive essoufflée dès qu'il se mettait en marche. Il prit aussi la margarine.

Un yaourt aux fruits par là-dessus et le dîner de

Maman serait bouclé. Heureusement encore qu'il restait des œufs, sinon il aurait été fichu…

Il renifla la margarine d'une narine soupçonneuse. Non content de faire un bruit d'enfer, le réfrigérateur ne réfrigérait presque plus. Heureusement, après des mois de siège, Arnaud avait obtenu de sa mère d'en acquérir un nouveau : les livreurs devaient l'apporter demain, en fin d'après-midi.

Blossière se sentait un peu nerveux, à l'idée de ces deux étrangers qui allaient pénétrer dans le château. À cause de la présence d'Emmanuelle Le Grais et de Coralie Didier, dans les profondeurs de la cave.

Il tentait de se rassurer en pensant à la profondeur des sous-sols et à l'incroyable épaisseur des soubassements de pierre de l'édifice primitif : même si les filles se mettaient à crier, personne ne les entendrait.

Pour plus de sécurité, il décida de forcer un peu sur la quantité de drogue qu'il mélangeait une fois par jour à leur nourriture…

De toute façon, pour l'instant, il avait un problème plus immédiat : le repas de sa mère à préparer dans les temps. Il fallait qu'il y arrive, et il allait y arriver, simplement parce que l'éventualité contraire n'était même pas envisageable – même pas en rêve, comme disaient les jeunes.

Effectivement, après avoir tout préparé avec des gestes fébriles, littéralement malade d'angoisse à l'idée de ne pas passer le seuil de la chambre maternelle à sept heures et demie précises, Arnaud parvint à être exactement à l'heure, en haut du grand escalier.

Soutenant son plateau d'une main, il frappa deux coups à la porte de chêne. N'obtenant pas de réponse, il entra.

C'était la règle, chez Antoinette du Ronceaux : un silence valait autorisation de pénétrer chez elle. Sinon, un simple « non ! », sonore et sec, signifiait son interdiction.

Elle était, comme chaque soir dans son fauteuil roulant, près de la petite table sur laquelle elle prenait ses repas, à gauche de la fenêtre donnant sur le parc – c'est-à-dire sur la jungle informe que le parc était devenu.

Antoinette du Ronceaux jeta un coup d'œil sur le plateau que son fils venait de déposer cérémonieusement à côté d'elle. Ses lèvres craquelées eurent une moue de profond dédain.

– Encore des œufs ? dit-elle de sa voix qui avait toujours été sèche. Mais tu m'en as déjà servi avant-hier ! Décidément, tu fais tout par-dessus la jambe, depuis quelque temps, mon pauvre Bichon ! Il va falloir que ça cesse, je t'avertis, mon garçon ! Et, d'ailleurs, à ce propos, il faut que je te fasse part de la décision que j'ai prise…

– Je vous écoute, Maman… murmura Arnaud, les yeux fixés sur la pointe de ses chaussures.

– Demain, annonça solennellement la vieille dame,

je vais descendre à la cave, afin de savoir enfin ce que tu peux bien y fabriquer, des heures et des jours durant !

La foudre n'aurait pas fait à Blossière un effet plus terrifiant ni plus radical.

– Mais, Maman… c'est impossible… balbutia-t-il, livide, sans même oser regarder sa mère en face. Vous savez bien que je ne peux pas descendre votre fauteuil, ni vous porter dans mes bras pour descendre l'escalier ! Sans compter que…

– Ne te fatigue pas : j'ai tout arrangé par téléphone avec le magasin ! l'interrompit Antoinette d'un ton rogue.

– A… avec le magasin ? répéta son fils, sentant qu'il était en train de perdre pied.

– Contre un petit billet, les deux hommes qui viennent nous livrer le nouveau réfrigérateur demain après-midi ont accepté de me descendre jusqu'au sous-sol, puis de me remonter dans mes appartements, une fois mon inspection terminée.

– Mais enfin, Maman, vous ne pouvez pas me…

– Je peux tout ! gronda la terrible vieillarde. Je suis encore la maîtresse de ce château, si je ne m'abuse ! Et ne t'avise surtout pas de manigancer je ne sais quoi pour m'en empêcher ! Maintenant, Bichon, laisse-moi : mon dîner va refroidir. Déjà qu'il n'a pas l'air bien fameux…

Arnaud Blossière fit demi-tour avec une raideur

d'automate et se dirigea lentement vers la porte. Le sang bourdonnait à ses oreilles et il avait l'impression qu'un voile épais venait de tomber devant ses yeux.

Il ne sut même pas comment il se retrouva dans la cuisine, n'ayant eu aucune conscience qu'il descendait l'escalier et traversait le grand hall.

Une fois arrivé, lui qui ne buvait quasiment jamais, il sortit du placard la bouteille de cognac bas de gamme dont il se servait pour préparer les sauces dont sa mère était friande et en but une copieuse gorgée directement au goulot.

L'alcool le fit tousser, pleurer, et lui racla horriblement la gorge. Il en prit néanmoins une deuxième rasade, aussi copieuse, avant de se laisser tomber lourdement sur la première chaise qu'il trouva.

Le sang à la tête, une boule d'angoisse dans la poitrine, il posa son menton sur ses deux poings joints et tenta de réfléchir plus sereinement.

Sans y parvenir.

Tout se brouillait, ses idées se mêlaient à peine formulées en une sorte de nœud inextricable.

Pourtant, il fallait qu'il trouve une solution. Il le fallait absolument. Il était hors de question que sa mère, au sous-sol, y découvre les deux filles qui s'y trouvaient. Et encore moins ces damnés livreurs qui allaient l'y faire descendre.

Le problème, c'est qu'il ne voyait aucune raison valable pour faire renoncer son implacable mère à son projet. Elle avait décidé qu'elle descendrait au sous-sol demain et aucune puissance au monde ne pourrait l'en empêcher.

C'est persuadé de cela qu'Arnaud Blossière en arriva à la seule conclusion logique, au seul plan réalisable.

Si l'on partait du principe qu'Antoinette du Ronceaux allait bel et bien inspecter les caves ; si l'on prenait comme fait acquis qu'en aucun cas elle ne devait se trouver face à face avec les deux esclaves qui s'y trouvaient enfermées ; alors, il n'y avait plus qu'une solution – logique, irréfutable, effrayante.

D'ici demain après-midi, lui, Arnaud Blossière, devait avoir fait disparaître Emmanuelle Le Grais et Coralie Didier.

De manière définitive.

CHAPITRE XI

6-9-B-7-4…

Lorsque l'index de Justine Sandillon eut frappé le dernier chiffre sur le petit clavier fixé au mur de pierre, la lourde porte de bois émit un léger bourdonnement. Puis, avec un claquement sec, elle s'ouvrit.

– Et voilà le travail ! fit la jolie rouquine, en se tournant vers Boris Corentin et Géraldine Hébert.

Le bâtiment devant lequel ils se trouvaient, et dans lequel ils s'apprêtaient à entrer, était situé dans une rue tranquille du 7ème arrondissement, dans ce qu'on a coutume d'appeler le quartier des ministères, à trois pas de l'Hôtel Matignon où œuvre le Premier ministre de la République. Tout comme trois ou quatre autres dans les rues avoisinantes, il était la propriété de l'Église catholique depuis le milieu du XIXe siècle.

Malgré quelques petits soucis en 1905, année de la loi de séparation de l'Église et de l'État, le clergé français avait réussi à conserver la plupart de ses possessions dans le quartier. Et aussi dans quelques autres…

Lorsque Boris Corentin et Aimé Brichot avaient fait comprendre à Géraldine Hébert qu'on pourrait peut-être faire de nouveau appel – tout à fait officieusement – aux services de William Desportes, le séminariste surdoué en informatique, pour tenter de localiser le *hacker*, celle-ci avait immédiatement téléphoné à son amie Justine, pensant la joindre à Amsterdam, où elle devait passer trois jours avec Jean-François Loisel – que Justine n'appelait jamais autrement que François, trouvant son véritable prénom trop long pour elle.

– Amsterdam, mon cul ! avait-elle répondu à Géraldine, d'un ton excédé. La nuit précédant notre départ, ben quelques heures après notre soirée chez toi, en fait, François a trouvé le moyen de ME faire une infection urinaire ! Direction l'hosto le plus proche pour lui, et consigne dans notre chambre d'hôtel merdique pour moi ! Résultat, au lieu de découvrir les canaux de la Venise du Nord, on ausculte ceux de la région Sud de Môssieur ! De toute façon, c'est toujours pareil avec lui : il a tellement horreur de se bouger les miches qu'il somatise à donf' à l'idée d'un voyage ! Celui-là, un de ces jours, je vais vraiment choper les glandes et lui déchirer sa race, comme dirait ma copine Chloé, je te jure ! Bon, tu voulais quoi, à part ça, ma chérie ?

Géraldine lui avait expliqué ce que Corentin, Brichot et elle-même attendaient d'elle.

– Bon, je vais appeler ce cher Willliam, voir si je peux vous arranger le truc, avait répondu Justine Sandillon. Mais, tu sais, sans vouloir taper l'incruste, je pense qu'il vaudrait mieux que je vienne avec vous : il est timide comme une jeune fille, mon apprenti curaillon...

– Ouais, je te vois venir, avait répliqué Géraldine : si jamais il se passe quelque chose d'un peu croustifondant, on va retrouver ça dès la semaine prochaine dans je ne sais quel hebdo, sous un pseudo bidon !

– Arrête tes conneries, Didine ! Tu sais très bien que jamais je ferais un plan journalo-pouffe à une copine comme toi ! Bon, une autre, je dis pas, mais sûrement pas à toi : juré, sur les canaux de mon homme !

Et c'est comme ça que Justine Sandillon, frétillante, se trouvait jouer les guides ecclésiaux pour Boris Corentin et Géraldine Hébert. Quant à Aimé Brichot, il s'était chargé d'entrer en contact avec la direction de la compagnie d'assurance où travaillait Guillaume Tourain – et très probablement le *hacker* qu'ils recherchaient –, afin de s'assurer de leur éventuelle collaboration.

Boris Corentin fut frappé par la fraîcheur qui régnait à l'intérieur de l'hôtel particulier du XVIIe siècle, à la façade un peu austère, où les deux filles et lui venaient de pénétrer. Il est vrai qu'il ne faisait pas beaucoup plus chaud dehors, bien que l'on approchât de la fin juin.

À droite et à gauche du hall un peu sombre, mais spacieux, deux escaliers de pierre monumentaux se rejoignaient pour former la galerie desservant le premier étage.

Au fond du hall, dans une sorte de niche en demi-cercle, surmontée d'une coupole, se trouvait la reproduction à l'identique de la *Pietà* de Michel-Ange, conservée à la *Galeria dell'Academia* de Florence, en Italie.

Sans s'attarder sur ces beautés qu'elle avait déjà vues des dizaines de fois, Justine Sandillon entraîna les deux autres vers l'escalier de gauche. Néanmoins, sachant l'effet que cela produisait sur les gens à leur première visite, elle s'arrêta au palier du premier, afin de laisser à Boris et Géraldine le temps de découvrir l'endroit.

– Waoh ! s'exclama Géraldine, les yeux ronds. Attends, c'est possible, un truc pareil, en plein Paris ? Je le crois pas…

Boris Corentin dut convenir que l'exclamation de sa jeune coéquipière n'était pas exagérée : le panorama qui s'étendait de l'autre côté de la grande baie vitrée moderne était absolument ahurissant.

La vitre remplaçant, pas trop laidement, les anciennes fenêtres donnait bien entendu de l'autre côté de l'hôtel particulier, opposé à la rue. Et, bien qu'elle le connût par cœur, depuis le temps qu'elle venait ici, Justine Sandillon en fut elle-même saisie.

Sous leurs yeux, entre le bâtiment où ils se trouvaient et celui qui lui faisait face, donnant sur une rue parallèle mais assez éloignée, s'étendait un véritable champ. Il n'était en rien comparable aux grandes plaines céréalières du *Middle West* américain, d'accord, ni même à celles de la Beauce française, mais un champ tout de même.

Ou, plutôt, une petite prairie aux allures gentiment campagnardes, plantée d'une douzaine d'arbres fruitiers – dont quatre cerisiers dont les branches ployaient sous le poids de leurs fruits, quasiment mûrs.

L'aspect champêtre, irréel, de l'endroit était accentué par les quatre moutons qui paissaient tranquillement, en faisant tintinnabuler la clochette qu'ils portaient au cou. Sans se douter un seul instant qu'ils vivaient leur vie d'ovins en plein cœur d'une bruyante agglomération de neuf millions d'habitants à deux pattes…

– Bon, c'est pas le tout, mais on ne va quand même pas passer la nuit là, si ?

La remarque de Justine arracha les deux policiers à leur contemplation rêveuse de ce spectacle « décalé » et ils suivirent la jeune journaliste dans le petit couloir sombre au bout duquel se trouvait la salle des ordinateurs ultra-modernes dont l'archevêché de Paris n'avait pas hésité à se doter, quelques années auparavant.

Cette salle, c'était l'antre de William Desportes, qui y passait l'essentiel de ses journées, et souvent une partie de ses nuits. Une nouvelle race d'hommes d'Église...

Justine frappa trois coups à la porte blindée et, aussitôt, une voix juvénile leur dit d'entrer. De l'autre côté de la porte s'étendait une salle assez vaste, carrée, climatisée, qui paraissait plus petite qu'elle ne l'était, en raison de la quantité invraisemblable d'ordinateurs de toutes tailles et de toutes natures qui s'y trouvaient entassés.

Boris Corentin et Géraldine Hébert virent s'avancer vers leur petit groupe un jeune homme à la silhouette dégingandée, au visage timide, auquel de petites lunettes rondes donnaient l'air d'un étudiant attardé.

Pourtant, jugea Géraldine, il devait avoir environ trente ans. Peut-être un petit peu moins, mais guère.

Le visage du jeune homme aux cheveux blonds s'éclaira d'un large sourire et ses pommettes se colorèrent de rose lorsqu'il fut devant la jeune journaliste :

– Mademoiselle Justine ! comme je suis heureux de vous revoir ! Cela fait un bout de temps, non ?

– Trop longtemps, William, bien trop longtemps... répondit Justine Sandillon, en l'embrassant sans façon sur les deux joues, ce qui eut pour effet de les faire passer du rose pâle au rouge vif. En tout cas, c'est gentil d'avoir accepté de rendre à mes amis le petit service dont je vous ai parlé...

Le séminariste redevint aussitôt sérieux et grave: dès qu'il était question d'informatique, plus rien d'autre ne semblait compter pour lui.

Du coup, il délaissa un moment Justine, pour qui on sentait chez lui une sincère affection, et se tourna vers les deux policiers. Une petite lueur malicieuse pétillait au fond de son œil bleu très pâle.

– Si j'ai bien compris ce que m'a dit Justine, vous vous trouveriez face à une personne qui s'est livrée à un double piratage d'ordinateurs, probablement en se livrant à une attaque par rebond...

– Une attaque par rebond? fit Boris Corentin. J'ai peur de ne pas exactement comprendre, pardonnez-moi...

— Mais si, c'est très simple! s'anima William Desportes, en remontant ses petites lunettes sur son nez. Une attaque par rebond permet à un pirate de causer un déni de service. Pour y parvenir, l'assaillant utilise l'IP *spoofing* pour envoyer des requêtes *ICMP echo request* à plusieurs machines qui vont alors servir de rebonds. Il utilise l'adresse IP source d'une machine qu'il veut mettre hors-service pour envoyer ses requêtes. Vous me suivez, n'est-ce pas?

Sans laisser le temps à Boris Corentin et Géraldine Hébert le temps de l'informer de leur largage complet,

William Desportes poursuivit, du même débit rapide :

— Les machines rebonds peuvent également être utilisées pour établir un canal caché entre deux machines. Tenez, à titre d'illustration : imaginons un pirate A souhaitant communiquer discrètement avec une machine B. Pour le faire, A va alors utiliser une machine rebond C. Nous sommes d'accord ? Bien ! Ensuite, A envoie un paquet de demande de connexion, qu'on appelle TCP SYN, à la machine C, mais attention : en utilisant comme adresse de réponse celle de B, et, comme numéro de séquence, X contenant les informations à transmettre. À partir de là, que va-t-il se passer ?

— Eh bien, c'est que justement… tenta de glisser Corentin, dans l'espoir d'interrompre ce flot technique incompréhensible, en tout cas pour lui.

Mais c'était trop tard : emporté par sa passion, le séminariste était lancé et plus rien ne pouvait plus l'arrêter, à part une balle entre les deux yeux et encore.

— La machine C répond alors à B, en mode TCP SYN/ACK, pour lui répéter le numéro de séquence X, poursuivit William Desportes, sans se soucier de la tentative d'interruption de Boris. La suite est d'une logique parfaite : B récupère les informations, et valide éventuellement la connexion pour que cela reste le plus discret possible, par le biais d'un simple TCP ACK. Le tour est joué, et je peux vous dire que ce genre de canal reste très difficile à détecter.

Boris Corentin attrapa la dernière phrase au vol et s'y accrocha comme un naufragé au grand mât de son navire fraîchement coulé :

– Est-ce que vous êtes en train de nous dire que vous ne pouvez pas remonter jusqu'à l'ordinateur qui aurait lancé cette attaque par… rebond ?

Le jeune séminariste eut un petit sourire où la malice le disputait à la modestie :

– Rien ne m'empêche d'essayer. Donnez-moi les codes d'accès des blogs en question, les adresses IP, enfin tout, et je vais voir ce que je peux faire.

Boris Corentin avait à peine eu le temps de sortir de sa poche intérieure la feuille de papier où il avait pris la précaution de noter tout cela, que William Desportes était déjà assis devant l'un de ses claviers et pianotait fiévreusement.

– Vous savez comment je vais procéder, dans un premier temps ? dit-il en levant vers les trois autres un visage rouge d'excitation. Je vais commencer par envoyer un protocole ICMP. ICMP se situe au même niveau que le protocole IP, si vous voulez, mais il ne fournit pas les primitives de service habituellement associées à un protocole de couche réseau. Ce qui fait que…

– Nous vous faisons pleinement confiance, se hâta de dire Corentin, peu soucieux de se retaper vingt minutes d'explications « inbitables », comme auraient sûrement dit Géraldine et sa copine Justine, dans leur langage d'une réjouissante verdeur. Vous pensez en avoir pour longtemps, en tout état de cause ?

William Desportes les regarda tous les trois, plantés autour de sa chaise, l'air un peu ennuyé de les découvrir *encore* là, alors que lui les avait déjà oubliés.

– Vous savez ce que vous devriez faire ? Allez dîner au restaurant italien qui est un peu plus haut dans la rue : il n'est pas mal du tout. Dans une heure ou une heure et quart, vous remontez et on fait le point.

– Alors, ça, c'est une putain de bonne idée ! s'exclama spontanément Géraldine, qui se souciait peu de piétiner sur place, entre quatre murs d'ordinateurs.

Aussitôt, se rappelant devant qui elle venait de jurer, elle devint toute rouge. Mais William Desportes ne l'avait même pas entendu, fasciné qu'il était par les colonnes de chiffres de lettres et de signes plus mystérieux, qui défilaient rapidement sur son écran plat.

– Vous voulez qu'on vous remonte un truc à grignoter, William ? proposa Justine Sandillon. Une pizza ? Un panini ? Autre chose ?

– Non, non, vous êtes gentille, Mademoiselle Justine, répondit-il distraitement, mais j'ai encore ici le sandwich que j'ai oublié de manger à midi…

Les deux policiers et la journaliste quittèrent donc la salle des ordinateurs en silence. Ils n'étaient pas encore à la porte blindée que le séminariste paraissait avoir déjà totalement oublié leur existence.

– C'est une nature, hein ? fit Justine, lorsqu'ils se retrouvèrent sur le trottoir désert.

– Personnage intéressant… approuva Boris Corentin, en allumant une cigarette légère. Pas toujours limpide dans ses explications, mais intéressant…

– En plus, il est assez mignon, je trouve, pour un curé, ajouta Géraldine, tandis qu'ils se dirigeaient vers la pizzeria indiquée par William Desportes.

Justine s'arrêta net de marcher et dévisagea son amie, d'un air mi-stupéfait, mi-amusé :

– Depuis quand tu t'intéresses aux mecs mignons, toi ? Ne me dis pas que tu as viré ta cuti pendant que j'avais le dos tourné, ce serait trop drôle !

Elle enveloppa la silhouette athlétique de Boris Corentin d'un œil caressant et ajouta :

– Remarque, vu ton environnement professionnel, tu aurais des circonstances atténuantes…

– Wow ! wow ! on se calme ! fit Géraldine, en se retenant de rire. D'abord, je n'ai pas viré ma cuti, ensuite je suis capable d'apprécier la beauté d'un homme *d'un strict point de vue esthétique*, sans penser aussitôt à lui mettre la main au paquet, ne t'en déplaise…

– Quelle classe ! quelle élégance ! fit mine de s'offusquer Corentin, qui s'amusait beaucoup.

– Enfin, troisièmement, aussi affolée de la touffe

que tu puisses être, je t'interdis de toucher à mon Grand chef, sinon je t'explose ta race, comme dit ta copine je-ne-sais-plus-quoi, que je ne connais même pas ! Pense aux canaux urinaires de ton homme : ça te calmera les moiteurs !

– L'une de ces demoiselles aurait-elle songé, ne serait-ce qu'un bref moment, à me demander mon avis, quant à l'usage que j'envisage de faire de mon corps ? demanda alors Boris, entrant dans le jeu.

– Et puis quoi encore ? s'exclamèrent les deux rouquines, exactement en même temps et sur le même ton.

Puis, elles éclatèrent de rire et poussèrent la porte de la pizzeria *Venezia*.

*

* *

Le repas s'était déroulé dans une ambiance de franche bonne humeur. Le garçon qui s'occupait de leur table était un prototype de beau gosse italien, le sachant et en remettant une couche, jusqu'à se transformer en sa propre caricature. Malheureusement, pour son numéro, il avait eu l'idée de jeter son dévolu sur Géraldine.

– Il a peut-être du charme, mais il manque de nez… avait fait remarquer Boris, non sans une certaine satisfaction.

Bref, une heure vingt avait passé, et elle l'avait fait fort agréablement.

Les cafés venaient d'être déposés devant eux, lorsque le portable de Corentin sonna. Il prit la communication, avec une petite mimique d'excuse en direction de Justine. Il identifia la voix d'Aimé Brichot à la première syllabe.

– Ah ! Mémé ! Alors, ça a donné quoi, ta visite aux grands manitous de la boîte de Neuilly ?

– Bof ! pas grand-chose... soupira Brichot, à l'autre bout de la ligne. Ils ont commencé par me dire qu'ils allaient me mettre dès demain en rapport avec le meilleur informaticien de la boîte et que celui-ci serait en quelque sorte à notre service. Là-dessus, en téléphonant à la DRH, ils ont appris que ce type, un certain Arnaud Blossière, avait téléphoné pour prendre sa journée de demain en RTT. Problème de famille ou je ne sais quoi. Et comme pour l'instant, le service informatique a l'air un peu débordé chez eux, j'ai l'impression que c'est pas gagné. Et de votre côté ?

Boris Corentin lui expliqua où ils en étaient avec William Desportes et l'invita à rentrer auprès de sa petite famille, en lui donnant rendez-vous le lendemain matin, au quai des Orfèvres, pour un point.

– La carburation se fait mal, on dirait... nota Géraldine Hébert, en reposant sa tasse à café *Segafreddo* vide sur la nappe en papier rouge.

– On dirait... soupira Corentin en se levant. Bon, il

serait temps d'aller rejoindre William Desportes, je crois… Non, non, laissez, c'est moi qui régale !

– Ah ! ben… merci alors, fit Justine Sandillon, en rangeant sa *Visa* dans son petit porte-cartes de cuir bordeaux. À charge de revanche, comme on dit…

Dès que Corentin eut payé, ils quittèrent le restaurant, accompagnés jusqu'à la porte par « leur » serveur, qui continuait de serrer de près Géraldine.

– Est-ce que vous accepteriez un dîner romantique avec moi, demain, belle demoiselle ? C'est mon jour de repos, je voudrais vous le consacrer… souffla-t-il près de son oreille, en lui virgulant des œillades infernales.

Un petit sourire se dessina sur les lèvres de Géraldine. Elle regarda le séducteur bien en face et dit à voix haute :

– Avec vous, non, merci. Mais si vous avez une sœur mignonne et pas farouche, je suis preneuse !

Les neurones brutalement court-circuités, le roucouleur ne trouva rien à répondre et les laissa sortir sans réagir, frappé de mutisme par ce trait déloyal.

– Tu ne l'as pas raté, fit observer Justine, lorsqu'ils se retrouvèrent sur le trottoir de la rue, toujours aussi déserte. Il avait l'air totalement déboussolé. Presque attendrissant, même, je dirais…

– Tu peux toujours y retourner, hein ! Je suis certaine qu'il doit être facilement consolable, le Napolitain au baiser de feu ! répliqua Géraldine en riant.

Ils étaient arrivés devant la porte de l'hôtel particulier. Ayant machinalement, par habitude professionnelle, mémorisé le code, Boris Corentin était déjà en train de pianoter sur le petit clavier commandant l'ouverture.

Plongé dans une épaisse pénombre, vide et silencieux, l'intérieur de l'hôtel prenait un aspect un peu étrange, vaguement fantastique.

Instinctivement les deux policiers et la journaliste firent silence, et leurs pas claquaient formidablement sur les marches de pierre du grand escalier.

Au bout du petit couloir, sans prendre la peine de frapper, Justine Sandillon ouvrit doucement la porte blindée donnant accès à la salle des ordinateurs.

Ils découvrirent William Desportes, une fesse posée sur le coin d'un bureau, mordant dans son sandwich au jambon avec une belle ardeur.

– Ah ! je suis content que vous soyez de retour ! dit-il, après avoir précipitamment avalé sa bouchée. Je crois que j'ai fait du bon travail, sans me vanter…

– Vous avez trouvé d'où étaient partis les piratages ? demanda Boris Corentin, avec une certaine excitation dans la voix et le regard.

– Absolument ! répondit le jeune séminariste. J'ai même trouvé un raccourci intéressant. Figurez-vous qu'en croisant le protocole IP avec celui de la…

– Euh… William… l'interrompit gentiment mais fermement Justine Sandillon, je ne crois pas qu'il soit absolument nécessaire de nous fournir toutes les explications techniques, vous savez…

Le séminariste se rendit compte qu'il embêtait tout le monde avec ses histoires d'informatique et il rougit.

– Oui, oui, vous avez raison, Mademoiselle Justine. Mais vous savez comme je suis…

– Donc… tenta de le relancer Boris Corentin.

– Donc, j'ai trouvé deux adresses IP, qui correspondent aux actes de prise de contrôle des blogs et boîtes mail que vous m'avez indiqués. Ensuite, je me suis dit que ça vous ferait gagner du temps, si je parvenais à localiser les ordinateurs auxquelles ces adresses correspondent…

– Vous avez bien fait ! s'exclama Géraldine Hébert, sincèrement admirative.

– L'un des ordinateurs est situé dans les Yvelines, mais je n'ai pas pu le localiser plus précisément, à cause des faisceaux croisés de…

– C'est très bien, William ! le coupa Justine. Et l'autre, il est où ? L'autre ordi, je veux dire…

– Ah l'autre, c'était plus simple, vu qu'il fait partie d'une entreprise, située à Neuilly-sur-Seine, et que j'ai pu pénétrer à l'intérieur dudit réseau sans me faire repérer. L'ordinateur appartient à un certain Arnaud Blossière et il…

Boris Corentin n'écoutait déjà plus.

Arnaud Blossière, c'était le nom du spécialiste informatique de la compagnie d'assurance où travaillait Guillame Tourain, que lui avait donné Aimé Brichot, au téléphone, une dizaine de minutes plus tôt.

C'est ce même Arnaud Blossière qui aurait dû, à partir du lendemain, faciliter la tâche des policiers au sein du réseau informatique de l'entreprise.

Et c'est encore lui qui, brusquement, avait fait savoir à ses supérieurs hiérarchiques qu'il avait absolument besoin d'une journée de congé pour ce même jour.

Bien sûr, il pouvait s'agir d'une simple coïncidence. Il pouvait n'y avoir aucun lien entre ces deux faits.

Mais Boris Corentin, par nature et par expérience « flicarde », ne croyait pas trop aux coïncidences, en général.

Et, dans ce cas particulier, il y croyait encore moins que d'ordinaire.

C'est sans doute ce qui avait provoqué l'allumage d'une petite lumière rouge, à l'intérieur de son cerveau.

Un signal d'alerte.

Chapitre XII

Arnaud Blossière ouvrit la porte de la cave et abaissa l'interrupteur. La lumière blanche et crue éclaira une scène qu'il trouva charmante.

Sur le sommier dépourvu de matelas, vaincues par la fatigue, Emmanuelle et Coralie dormaient, nues et tendrement enlacées, telles deux jeunes héroïnes de David Hamilton.

Sauf que, là, le décor était nettement moins champêtre et pas du tout bucolique.

Immobile sur le seuil, Blossière contemplait ses prisonnières, que le claquement du verrou ni la lumière n'étaient parvenus à réveiller.

Et il se sentait envahi par une immense tristesse, transpercée par une dure et froide lame de haine.

La tristesse était celle de devoir se séparer de ses deux « reines », alors qu'il était persuadé qu'il allait passer le restant de sa vie avec elles, réchauffé par l'amour qu'elles auraient bien fini par éprouver pour lui – c'était obligé.

La haine qui lui fouaillait le cœur était tout entière dirigée contre sa mère. Cette mère formidable, terrible, qui, par un caprice de sa volonté inflexible et tyrannique, avait rendu cette séparation inéluctable.

Arnaud Blossière regardait désormais sa mère comme une hideuse idole inca ou aztèque, à qui il devait immoler ses deux trésors, afin d'étancher sa soif de sang.

Et, au fond, c'est ce qu'elle avait toujours été ; c'est ce qu'elle avait toujours fait : exiger de lui des sacrifices, encore des sacrifices, toujours davantage de sacrifices…

Et, cette fois encore, malgré le chagrin qui lui brouillait l'esprit et le cœur, il savait qu'il allait consentir au sacrifice exigé par l'idole.

Son plan était prêt. Et rien que le concevoir lui avait provoqué des souffrances atroces ; lesquelles, à leur tour, venaient renforcer la haine qui le brûlait.

Machinalement, Arnaud Blossière s'assura que le vieux pistolet de son père était bien dans la poche droite de son blouson de toile.

Durant des années, il avait toujours entretenu régulièrement et scrupuleusement cette arme, qu'il conservait comme une sorte de relique, ainsi que la petite boîte de balles qui allait avec.

Comme s'il savait, comme s'il avait toujours su, qu'un jour il aurait à s'en servir.

Son plan était simple : emmener les deux filles dans un bois qu'il connaissait, et qui avait l'avantage de ne pas être loin. C'était un endroit où les marginaux de tous poils se retrouvaient de temps en temps, pour boire et « faire la fête », comme ils disaient. Cela ne surprendrait guère, ni la population locale, ni surtout la police, qu'on y retrouve les corps de deux filles, tuées par balles...

Ensuite, Arnaud Blossière n'aurait plus qu'à se débarrasser de l'arme, en la jetant dans la Bièvre, à un endroit où il la savait être assez profonde.

Pour chasser l'image atroce de ses deux reines étendues sans vie, un trou sanglant à la nuque, Arnaud Blossière s'approcha silencieusement du lit où elles continuaient de dormir, enlacées, inconscientes de ce que leur réservait un avenir dramatiquement proche.

Blossière s'assit sur le sommier métallique, aussi doucement qu'il le put, afin d'éviter les grincements du treillage. Aucune des deux filles ne se réveilla.

Des larmes plein les yeux, Arnaud effleura doucement le dos de Coralie, laissant ses doigts suivre la courbe sinueuse et pleine de sa hanche. De l'autre main, il caressait les longs cheveux blonds d'Emmanuelle, qui se mêlaient à la crinière sombre et épaisse de sa compagne de lit.

De la hanche de Coralie, Arnaud laissa glisser sa main vers sa poitrine, lourde et légèrement tombante. La brune émit un petit grognement dans son sommeil, lorsque les doigts masculins firent rouler délicatement la pointe de l'un de ses seins, afin de la rendre turgide.

Les larmes continuaient de couler des yeux de Blossière, sans qu'il paraisse s'en apercevoir. Il se rendait compte qu'il n'avait plus la moindre envie d'inspirer une quelconque terreur à ses deux reines, ni encore moins de leur faire du mal. Au moment où il s'apprêtait à les perdre pour toujours, il n'avait plus qu'un seul désir.

Les garder près de lui, les choyer, jour après jour, les rendre heureuses…

Tout en les caressant l'une et l'autre, doucement, il se prenait à songer qu'il pourrait les loger dans le château lui-même, leur installer une belle chambre à chacune, dans la partie de la maison qui était encore habitable. Il les traiterait comme de vraies reines, cette fois.

Et elles lui en seraient tellement reconnaissantes qu'elles ne songeraient même plus à s'enfuir. Elles passeraient le restant de leur vie à l'intérieur du domaine. Pour elles, il trouverait la force de remettre le parc en état et peut-être même de…

Arnaud Blossière eut une sorte de sanglot pitoyable, au moment où son rêve volait en éclats.

Non, rien de tout cela n'était possible.

À cause de l'idole païenne et sanguinaire qui régnait au premier étage.

Et qui allait continuer à exiger des sacrifices, encore

des sacrifices…

Sans qu'il s'en rende bien compte, les deux mains de Blossière étaient venues s'égarer entre les cuisses de ses deux belles endormies, et ses doigts leur massaient le sexe avec de plus en plus d'insistance.

Si bien qu'elles finirent par s'éveiller, pratiquement à la même seconde.

Emmanuelle Le Grais ouvrit les yeux la première, et fut stupéfaite de découvrir ceux de leur geôlier emplis de larmes, qui dévalaient le long de ses joues blêmes et molles, sans qu'il paraisse s'en apercevoir.

Puis, ce fut autour de Coralie Didier de revenir à la vie consciente. Et d'être saisie par le même étonnement que sa compagne d'infortune.

– Ben… qu'est-ce qui vous arrive ? demanda la brune, par simple réflexe.

Instinctivement, Emmanuelle se recroquevilla sur elle-même, s'attendant à ce que « l'insolence » de Coralie déclenche chez leur bourreau la colère et la violence.

Mais ce n'est pas du tout ce qui se produisit. Et les paroles que prononça alors Blossière, d'une voix misérable, les plongèrent toutes deux dans une stupéfaction incrédule si intense qu'elles restèrent tétanisées pendant de longues secondes, avant d'être capables de réagir.

– Nous allons devoir nous séparer… balbutia Arnaud, d'une voix lugubre, pitoyable. Il va falloir que vous quittiez le château, et nous nous ne nous reverrons plus jamais…

Après un long silence, ce fut Coralie qui réagit la première, et la question qui sortit de ses lèvres la stupéfia elle-même par son incongruité :

– Mais pourquoi ?

Étrangement, ni Emmanuelle, ni Arnaud ne parurent surpris par la question, pourtant absurde dans le contexte présent. Au contraire, Blossière y répondit aussitôt :

– C'est à cause de ma mère : vous ne pouvez pas rester ici alors qu'elle y est… Elle ne veut pas… Elle ne pourrait pas le supporter… Elle risquerait de vous faire du mal… Elle est terrible ! Si vous saviez…

Il sentait qu'il perdait pied. Que tout se brouillait dans sa tête et que les idées qu'il formait dans son esprit sortaient de sa bouche avec d'autres mots que ceux qu'il voulait dire. Elles se déguisaient, les idées… elles se moquaient de lui… Comme si sa mère s'était installée à l'intérieur de sa tête pour le diriger à sa guise…

Pour le pousser au sacrifice… Malgré lui…

Les deux filles échangèrent un regard appuyé. Et comprirent qu'elles étaient en phase sur l'essentiel.

Leur geôlier était en train de sombrer, de complètement perdre les pédales.

Ce qu'il fallait, surtout, c'était ne rien faire qui

puisse le réveiller, le sortir de ses brouillards, dans la mesure où, pour elles deux, au bout de ces brouillards, il y avait la liberté retrouvée.

À ce moment, Arnaud Blossière releva la tête et parut revenir à lui. Ses larmes avaient cessé de couler.

– Nous avons encore un peu de temps devant nous, dit-il en ayant retrouvé sa voix un peu sèche de d'habitude. Et j'aimerais bien en profiter au maximum.

Ce disant, il avait glissé prestement sa main entre les fesses menues d'Emmanuelle, et son index cherchait à forcer l'orifice étroit qui s'y trouvait niché.

La petite blonde amorça un mouvement de recul, mais son regard croisa celui de Coralie. Et ce regard disait à peu près : « Ne fais pas la conne, je t'en supplie ! Accordons-lui tout ce qu'il veut, à ce salopard, et tirons-nous d'ici. On lui fera payer… après ! »

Emmanuelle se détendit et parvint même à adresser un sourire à l'homme qui violait ses reins.

Coralie se dressa sur les genoux et s'approcha de Blossière. Ses gros seins un peu mous se retrouvèrent à hauteur de sa tête et, immédiatement, Arnaud enfouit son visage dans la profonde vallée qui les séparait.

Coralie lui pressa doucement la nuque, en un geste presque maternel. Cependant que, de l'autre main, elle dégrafait habilement son pantalon afin d'en extraire son sexe roide. Sexe qu'elle entreprit de caresser – lentement d'abord, puis de plus en plus fermement.

Au bout de cette masturbation, il y avait l'éjaculation.

Et à l'issue de ce jaillissement mâle attendu, la liberté pour elles deux.

Ça valait la peine de se forcer un peu.

*

* *

Le majordome, immense et incroyablement maigre, déposa délicatement le plateau d'argent au centre de la large table basse, sur laquelle étaient disposées un certain nombre de bouteilles de différentes formes et tailles, en cristal taillé, plus ou moins emplies de divers alcools.

Puis, il présenta cérémonieusement son verre à chacune des trois personnes présentes dans l'immense salon entièrement meublé et décoré XVIIIe siècle, avant de se retirer, dans le plus parfait silence.

Boris Corentin, Aimé Brichot et Géraldine Hébert se trouvaient chez Bertrand de Rivière, le directeur des ressources humaines de la compagnie d'assurances employant Guillame Tourain et, surtout, Arnaud Blossière.

À en juger par l'hôtel particulier qu'il habitait, en bordure du Champ-de-Mars, par les tableaux qui s'y trouvaient, M. de Rivière ne devait pas attendre après son salaire pour vivre : il avait « du bien », comme on dit.

C'était un homme d'une cinquantaine d'années, grand, à l'apparence cassante, aux traits austères, mais aux manières et à l'élégance parfaites.

– Donc, si j'ai bien compris ce que vous venez de me dire, articula-t-il lentement, après avoir trempé ses lèvres dans le cognac qu'on lui avait servi, l'un de nos employés se serait fourvoyé dans une affaire fâcheuse…

Boris Corentin réussit à ne pas sourire de la litote : un double enlèvement, une affaire « fâcheuse », c'était vraiment le moins que l'on pouvait dire, en effet.

– Et vous souhaiteriez que je vous communiquasse son adresse personnelle, reprit le directeur sur le même ton égal. C'est bien délicat…

Là, Corentin sentit que la moutarde commençait à lui picoter sérieusement l'intérieur des narines. Les deux autres avaient l'air plutôt impressionnés – et surtout Géraldine – par le maintien et la morgue du maître de maison, ainsi que par l'opulence du cadre dans lequel il se mouvait, mais Boris pas du tout. Et il n'avait pas l'intention d'y passer des heures, il avait plus important à faire.

– Monsieur de Rivière, dit-il d'un ton froid, en maintenant l'aristocrate sous le feu de son regard fixe, je ne *souhaite* pas que vous me *communiquassiez* l'adresse d'Arnaud Blossière : je vous demande simplement de le faire. Et, si cela vous est possible, sans perdre davantage de temps…

Bertrand de Rivière pâlit, ses traits se figèrent, cependant qu'un léger tic retroussait légèrement le coin droit de sa lèvre supérieure et que ses deux mains, à hauteur de sa poitrine, se crispaient spasmodiquement, deux ou trois fois de suite.

Boris Corentin demeurait impassible.

– Très bien, fit le maître des lieux, en se levant de son fauteuil Louis XV avec une certaine brusquerie. Veuillez me suivre jusqu'à mon bureau, je vous prie. Je ne vois pas l'intérêt de prolonger la fiction de cet apéritif, d'autant que vous devez être pressés de quitter ma maison !

On ne pouvait être plus clair…

Moins de dix minutes plus tard, en effet, escortés par le toujours silencieux majordome, les trois policiers quittaient l'hôtel particulier, munis de la feuille de papier que Bertrand de Rivière avait fait sortir de son imprimante de bureau et pliée en quatre avant de la tendre à Boris Corentin, en regardant ostensiblement ailleurs.

Sur le trottoir, Justine Sandillon, qui n'avait pas voulu les lâcher, trépignait d'impatience en les attendant.

– Alors, il habite où, ce malade ? ne put-elle s'empêcher de demander, s'attirant un regard sévère de Boris Corentin.

– Mademoisellle Sandillon, dit-il assez sèchement, ceci est une enquête de police, et nous n'avons pas à en communiquer les éléments à la presse !

Voyant Justine devenir toute rouge, il se radoucit et ajouta, en dépliant la feuille :

– On, va le découvrir ensemble…

– Bingo ! s'écria Géraldine, en lisant par-dessus le bras de Corentin : c'est dans les Yvelines, comme William Desportes l'a déterminé !

– C'est grand, les Yvelines… grommela Aimé Brichot, toujours très bien dans son rôle de « rabat-joie », ainsi que le lui reprochait régulièrement Géraldine Hébert.

– Qu'est-ce qu'on fait, on y va ? demanda celle-ci.

– Ça dépend ce que tu entends par « on », Petit bonhomme, répondit Corentin. Si tu veux dire Mémé et moi, la réponse est oui. Pour les autres personnes présentes… c'est non !

– Wouah ! c'est pas juste ! je suis sur le coup depuis le début… se plaignit Géraldine, l'air vraiment déçue. Mais pourquoi je peux pas venir avec vous ?

– Parce que j'en ai décidé ainsi et que, jusqu'à plus ample informé, je reste le chef de cette équipe ! lui asséna Corentin, d'une voix plus ferme. Il serait temps d'acquérir le sens de la discipline et de la hiérarchie, lieutenant Hébert !

Justine prit son amie par le bras :

– Allez, viens, Didine, on s'en fiche, après tout. On

va aller se prendre un verre toutes les deux et laisser ces deux machos à leurs histoires…

Et elle entraîna Géraldine en direction de la station de taxi toute proche, sous l'œil surpris des deux policiers.

– C'est curieux que cette Justine Sandillon ait renoncé aussi vite… murmura Aimé Brichot.

– J'allais te le dire, répondit Boris Corentin, en déverrouillant leur voiture de service. Bon, en route pour la vallée de Chevreuse, Mémé !

– On ne prévient pas Baba, histoire qu'il aplanisse un peu la chose avec son collègue du SRPJ de Versailles ? s'enquit Brichot, en s'installant.

– On le préviendra après et on aplanira nous-mêmes, s'il y a lieu, décréta Corentin, en mettant le contact. Je ne sais pas pourquoi, mais j'ai l'impression pénible et persistante qu'on n'a plus de temps à perdre si on veut pouvoir récupérer les deux filles en bon état.

– À condition qu'elles soient encore récupérables… fit Brichot, d'une voix sombre.

*

* *

Géraldine Hébert s'apprêtait à grimper dans le premier taxi de la station, lorsque Justine Sandillon la saisit par le bras pour l'en empêcher.

– Attends un peu… souffla-t-elle, le regard braqué

vers la voiture de Corentrin et Brichot, en train de déboîter de sa place de stationnement, à une trentaine de mètres d'elles.

Elle ne la lâcha que lorsque la Peugeot 307 eut disparu, au coin du quai de Seine.

– Qu'est-ce qui t'a pris ? demanda Géraldine.

Justine eut un petit sourire ironique :

– Tu ne croyais quand même pas que j'allais renoncer aussi facilement ? railla-t-elle. Tu me connais vraiment si mal, depuis le temps ?

– Mais... qu'est-ce que tu comptes faire ? Qu'est-ce que tu t'es encore fourré dans la tête ?

Justine prit son amie par les épaules et l'entraîna en direction de la Tour Eiffel :

– Tu m'as bien dit que ton soupirant, celui qui te fait la tambouille, là... Jonathan, il avait une moto ?

– Euh... oui, mais je...

– Si tu te souviens bien, je ne circulais qu'à moto, quand je vivais ici...

– Oui, naturellement... mais enfin, où est-ce que tu veux en venir, à la fin ?

Justine s'arrêta et se planta face à Géraldine. Ses yeux, aussi verts que ceux de son amie, pétillaient d'excitation.

– Tu vas appeler ton Jonathan et lui dire de rappliquer ici avec sa chiotte et un casque supplémentaire. On lui paie le taxi pour rentrer et, nous deux, on file avec la bécane à l'adresse que tu as eu le temps de lire sur la feuille, et dont je serais très surprise que tu ne l'aies pas mémorisée.

Géraldine eut un petit sourire amusé :

– En effet…

Mais elle redevint grave aussitôt :

– Boris m'a interdit de venir, tu l'as entendu : je ne peux pas lui désobéir *à ce point*…

À ce moment, Géraldine Hébert s'aperçut qu'elle grillait d'envie que son amie trouve le bon argument pour la convaincre de désobéir…

– Il ne t'a pas interdit d'aller faire une balade en vallée de Chevreuse, que je sache ? Allons déjà sur place et, une fois là-bas, on tiendra conseil de guerre ! dit Justine Sandillon sur un ton sans réplique, en tendant son propre téléphone portable à Géraldine.

Qui le prit sans faire de façon…

*

* *

Arnaud Blossière tendit aux filles les deux piles de vêtements qu'il tenait entre ses mains :

– Allez, habillez-vous, mes reines, il est temps de partir… murmura-t-il, d'une voix que l'émotion serrant sa gorge rendait à peine audible.

Emmanuel et Coralie furent surprises de découvrir les tenues qu'elles portaient au moment de leur enlèvement, lavées et soigneusement repassées.

Elles échangèrent un regard, immobiles au milieu de la pièce, semblant avoir comme une hésitation. Arnaud Blossière comprit que, bien qu'elles fussent nues et que leurs corps n'aient plus aucun secret pour lui, elles attendaient qu'il sorte pour s'habiller. Avec l'espoir de la liberté, la pudeur était en train de leur revenir…

– Laissez-moi rester… geignit-il, sur un ton suppliant, au bord des sanglots. Laissez-moi vous admirer une dernière fois, pendant que vous êtes encore… encore ici.

Il avait failli dire « encore vivantes » et ne s'était retenu que d'extrême justesse.

Il fallait que la fiction d'une remise en liberté tienne jusqu'à l'ultime instant, s'il voulait que tout fonctionne sans anicroche, et surtout sans supplications ni larmes.

Car, ça, de la part de ses deux reines, il savait qu'il n'aurait jamais la force de le supporter.

Il se tuerait lui-même, plutôt.

Pendant une fraction de seconde, Arnaud Blossière ressentit très violemment la tentation de sortir le pistolet de sa poche, là, maintenant, et de se faire sauter la cervelle, sous les yeux des deux filles qui finissaient de s'habiller.

Puis, le cauchemar reflua dans son esprit et il revint à son plan initial…

À présent, les filles étaient prêtes, elles attendaient

son bon vouloir, debout, les bras ballants, ne sachant trop quelle attitude adopter, le regard flottant.

Lorsqu'il s'en aperçut, Arnaud Blossière se dit que les bêtes attendant d'être menées à l'abattoir et ignorant tout de leur sort prochain devaient avoir cet air-là. Il faillit s'écrouler sous le choc de cette pensée horrible.

Il était un monstre ! Un boucher sans âme !

Tout cela à cause de l'idole… là-haut… muette, mais exigeant le sacrifice…

– Bien, il est temps d'y aller… murmura-t-il. Passez devant, je vous en prie…

Tout en arpentant le couloir sombre menant à l'escalier, Emmanuelle se sentait inquiète. Elle trouvait bizarre que leur geôlier n'ait même pas tenté de leur faire promettre de ne pas le dénoncer. Et qu'il ne les aveugle pas, afin qu'elles ne puissent pas retrouver le chemin de leur prison…

Arrivée au pied de l'escalier de pierre, elle décida de tenter le tout pour le tout et se retourna vers lui, qui les suivait, les deux mains enfoncées dans les poches de son blouson :

– Vous… vous ne croyez pas que ce serait mieux si vous nous bandiez les yeux ? Pour que vous soyez bien certain qu'on ne puisse jamais dire à personne où on était. Comme ça, vous seriez complètement tranquille…

Il y eut un long silence, pendant lequel Emmanuelle

eut l'impression que l'on pouvait entendre son cœur battre à des kilomètres à la ronde.

– Non, ce n'est pas la peine, finit par dire Arnaud Blossière, d'une voix étrangement détimbrée : j'ai entièrement confiance en vous, mes reines...

Emmanuelle se dit qu'il était vraiment fou. Et, bizarrement, cette pensée le rassura. Coralie et elle s'engagèrent dans l'escalier, Blossière dans leur dos, les mains toujours obstinément enfoncées dans ses poches.

L'une refermée sur les clés de sa voiture, l'autre serrant la crosse du pistolet paternel.

Lorsqu'elles débouchèrent dans le grand hall – dont ni l'une ni l'autre ne gardait le moindre souvenir – Emmanuelle crut qu'elle allait se mettre à pleurer, tellement elle se sentit inondée de bonheur en revoyant la lumière du jour.

– C'est à droite, leur indiqua Blossière. La grande porte...

Coralie et Emmanuelle n'avaient pas fait deux pas dans la direction indiquée, lorsqu'une voix tonnante, venant à la fois de derrière et d'au-dessus d'elles les fit sursauter :

– Je le savais que tu avais installé des putains dans la cave, je le savais ! Bichon, tu me dégoûtes !

Tétanisé, Arnaud se retourna d'un bloc. Et découvrit sa mère dans son fauteuil, roulant en haut de l'escalier, immobile, très droite, dédaigneuse.

La statue de l'idole…

– Eh ! c'est quoi ce cirque, bordel ? se mit à crier Coralie, complètement dépassée par cette apparition inattendue, cette vieillarde infirme en haut de son escalier.

– Bichon ! reprit la voix tonnante, amène-moi immédiatement ces créatures dans mes appartements ! Il est nécessaire que je leur parle ! Que je les éclaire sur la répugnante créature que tu es ! Allez, obéis !

Les deux filles, pendant ce temps, avaient continué à se diriger, à reculons, vers la porte.

Arnaud sentit qu'il perdait pied. Tout lui échappait, depuis l'intervention de l'idole. Comme toujours.

Elle voulait qu'il lui apporte ses reines. Pour mieux les profaner, bien sûr !

Le sang du sacrifice…

Croyant qu'Emmanuelle et Coralie cherchaient à lui fausser compagnie, il se rua sur elles, les attrapa chacune par un bras et, avec une force insoupçonnable chez un homme aussi apparemment mou, les envoya dinguer au pied de l'escalier. Puis, totalement incapable de se contrôler, il sortit son pistolet de sa poche et le braqua à bout de bras en direction des deux filles affalées sur le carrelage :

– Si vous essayez de vous enfuir, je vous tire une balle dans la tête ! hurla-t-il, d'une voix hystérique, méconnaissable.

*

* *

Boris Corentin arrêta la voiture le long du haut mur d'enceinte de la propriété, juste avant le portail de fer incroyablement rouillé, dont l'un des battants bâillait lamentablement. Le système de fermeture et de verrouillage ne semblait plus qu'un lointain souvenir.

– Attends, c'est à l'abandon, ce truc… murmura Aimé Brichot.

De fait, ce qu'ils pouvaient voir de l'intérieur du parc ressemblait plus à une jungle inextricable qu'à un domaine entretenu pour y vivre. Seule une allée de terre battue, considérablement défoncée mais vierge de toute végétation parasite, semblait attester d'une présence humaine en ces lieux désolés.

– Bon, puisque la grille est ouverte, il n'y a pas de raison pour qu'on n'entre pas, décréta Boris Corentin, en enclenchant la première vitesse.

Il franchit lentement le portail, sans remarquer la petite moto qui arrivait derrière lui…

Il roula au pas, en raison des nombreux nids-de-poule de l'allée. De chaque côté, l'état d'abandon du parc faisait peine à voir et produisait une impression pénible, presque lugubre.

Enfin, après avoir roulé durant une grosse centaine de mètres, ils durent obliquer brusquement à gauche et, juste après ce virage, se retrouvèrent face au château.

Qui leur apparut dans un état presque aussi délabré et misérable que le parc qui l'entourait.

– Qu'est-ce qu'on fait ? demanda Brichot, en baissant instinctivement la voix.

– Ce que fait toute personne bien élevée en arrivant quelque part, répondit Corentin, en descendant de la voiture : on marche jusqu'à la porte, on sonne et, une fois qu'on nous a ouvert, on demande à parler au maître de maison.

– Et après ?

– Après ? Eh bien, comme d'hab', Mémé : on fait dans l'improvisation géniale !

Boris Corentin redevint sérieux :

– On va attaquer sous l'angle : nous sommes censés travailler la main dans la main, donc nous avons pris la liberté de venir jusqu'à chez vous pour mettre un plan de travail sur pied. Tu mords le topo ?

– Je mords, je mords…

Ayant constaté l'absence de sonnette, Boris Corentin avait déjà le poing levé pour frapper à la porte. Lorsque, venant de l'intérieur, une phrase hurlée sur le mode hystérique suspendit net son geste :

– Si vous essayez de vous enfuir, je vous tire une balle dans la tête !

*

* *

– Nous allons sortir d'ici ! Relevez-vous immédiatement ! ordonna Blossière aux deux filles, terrorisées par la tournure que prenaient les événements.

C'était surtout Emmanuelle qui comprenait qu'Arnaud Blossière était en train de devenir totalement incontrôlable depuis que sa mère était apparue au haut de l'escalier. Comme si une lutte féroce s'était engagée entre l'homme perturbé qu'il était et le petit garçon qui continuait de se débattre à l'intérieur de lui-même.

– Bichon, lâche cette arme et amène-moi ces deux putains ! tonna de nouveau la terrible vieille femme, toujours rigoureusement immobile. Tu es d'un ridicule, mon pauvre garçon !

– Taisez-vous, Maman ! Taisez-vous ! Je ne monterai pas ! Je ne vous donnerai pas leur sang ! Pourquoi exigez-vous ça de moi, pourquoi ? Vous voulez vraiment que j'accomplisse le sacrifice ? Pour vous ? Eh bien, oui, je vais le faire ! Oui, je vais les tuer pour vous ! Mais après, il faudra me laisser tranquille, Maman… Je suis si fatigué…

À ce moment la porte s'ouvrit avec fracas et les quatre protagonistes du drame qui se jouait virent surgir deux hommes, avec chacun une arme brandie à deux mains.

– Police ! cria Corentin. Blossière, lâchez immédiatement votre arme ou je serai obligé de tirer !

C'est alors que la catastrophe se produisit. Soulagée d'entendre le mot « police », pensant qu'il signifiait délivrance, Coralie se mit à courir en direction des deux hommes, faisant écran entre Blossière et eux.

Emmanuelle, maîtrisant mieux ses nerfs, fit un énorme effort pour demeurer rigoureusement immobile.

– Écartez-vous bon sang ! hurla Aimé Brichot, comprenant le danger.

Mais c'était déjà trop tard.

Le coup de feu résonna formidablement dans le grand hall, accompagné par l'âcre odeur de la cordite.

Dans la même fraction de seconde, la tête de Coralie Didier vola en éclats. Emportée par l'élan acquis, elle continua encore d'avancer d'un pas, alors qu'elle était déjà morte.

Puis, elle s'écroula aux pieds des deux policiers. Son crâne avait été à moitié emporté, la cervelle était à nu, et la balle de fort calibre étant ressortie par devant, son visage n'était plus qu'une bouillie de chair sanglante et d'os éclatés.

Boris Corentin se ressaisit le premier et braqua de nouveau son arme en direction de Blossière.

Une fraction de seconde trop tard.

Il vit leur adversaire attraper la petite blonde par les

épaules, la plaquer contre lui comme un bouclier vivant et appliquer le canon de son arme contre sa tempe.

C'est alors que retentit la voix caverneuse de la vieille paralytique, que les deux policiers n'avaient même pas encore remarquée :

– Bichon ! tu vas me faire le plaisir d'arrêter tes sottises ! Et, pour la dernière fois, amène-moi cette putain que tu tripotes d'une manière écœurante ! Et devant ta propre mère, en plus ! Monte immédiatement !

Et, à la grande stupeur des deux policiers, Arnaud Blossière entreprit en effet de monter le monumental escalier, à reculons, tenant toujours Emmanuelle contre sa poitrine.

– On est dans une maison de dingues ! souffla Aimé Brichot à Boris Corentin. Rien n'est plus sous contrôle, il peut se passer n'importe quoi...

L'étrange attelage formé par Arnaud et Emmanuelle était arrivé au haut de l'escalier.

Boris Corentin était en train d'échafauder à toute vitesse les divers scénarios possibles, afin de leur imaginer une parade efficace.

Mais ce qui se passa en réalité ne lui effleura pas l'esprit une seule seconde.

– C'est fini, je n'en peux plus ! gronda Arnaud Blossière. Je ne veux plus de sacrifice ! Vous n'aurez pas le sang de ma reine ! Vous ne l'aurez pas !

Alors, les deux policiers virent Blossière lever le pied droit, l'appliquer sur le dossier du fauteuil roulant et détendre sa jambe de toute sa force.

Antoinette du Ronceaux ne poussa pas le moindre cri en se se faisant ainsi projeter dans l'escalier.

Le fauteuil dévala la première dizaine de marches dans un vacarme épouvantable. À mi-pente de l'escalier, la vieille infirme fut projetée hors de son siège et ils terminèrent leur course séparément, l'une tombant sur l'autre, les deux s'entrechoquant, rebondissant avec violence contre le mur et contre la rampe de chêne.

La vieille dame s'écrasa la première sur le carrelage, le fauteuil lui passa sur le corps et alla terminer sa course dans le mur. À voir l'angle que formait sa tête avec le reste de son corps, et vu le double filet de sang qui lui sortait du nez et de la bouche, il était évident qu'Antoinette du Ronceaux avait cessé de vivre.

– Bon sang ! mais il faut absolument tenter quelque chose ! gronda Aimé Brichot en raidissant ses muscles pour bondir vers l'escalier.

Mais Boris Corentin le saisit fermement par le bras :

– Laisse, Mémé, ce n'est plus la peine. Regarde…

Aimé Brichot leva les yeux vers le haut de l'escalier, au moment où Arnaud Blossière repoussait doucement Emmanuelle loin de lui.

Son bras droit ballant, il ouvrit les doigts et son

arme tomba sur le sol avec un bruit lourd.

Puis, il se mit à descendre lentement l'escalier, la bouche entrouverte, ses yeux exorbités fixés sur le cadavre de sa mère.

Lorsqu'il fut arrivé en bas, il se laissa d'abord tomber à genoux, fixant le corps inerte sans paraître comprendre ce qui se passait.

Puis, lentement, avec d'infinies précautions, comme il devait le faire lorsqu'il procédait à sa toilette, il la prit dans ses bras et s'allongea tout contre elle.

– Je n'ai pas tué papa... se mit-il à psalmodier. Il faut me croire, maman chérie... je n'ai pas tué papa...

Et le plus étrange est que sa voix était redevenue celle d'un très jeune enfant.

– Grand chef, tout va bien ? fit soudain une voix dans le dos des deux policiers, qui sursautèrent en même temps. On a entendu tirer, j'ai eu vachement la trouille !

Boris Corentin découvrit dans l'embrasure de la porte Géraldine Hébert, son arme de service à la main, et Justine Sandillon. Il ouvrait la bouche pour dire quelque chose, lorsque deux silhouettes masculines apparurent derrière elles. Corentin était tellement sous tension qu'il ne put retenir le cri qui jaillit spontanément de ses lèvres :

– Attention ! derrière vous !

Avec un réflexe foudroyant, Géraldine pivota sur elle-même et braqua son arme en direction des nouveaux arrivants. Qui devinrent soudain tout pâles. D'autant plus que, sans parler du canon braqué sur eux, ils venaient de découvrir la présence de deux cadavres dans le hall, dont l'un avec la tête à moitié emportée.

– Euh… on venait pour la livraison du frigo… balbutia le plus âgé des deux. Mais c'est pas grave, on repassera… c'est pas grave…

Chapitre XIII

– On s'en jette un petit toutes les trois ou on attend les hommes ? demanda Géraldine Hébert, qui avait déjà la bouteille de chablis à la main.

– Allez, fais tomber, Didine ! répondit Justine, assise en tailleur dans le coin du canapé.

Installée dans le fauteuil juste en face, Liselotte Faarup, la compagne danoise de Géraldine, eut un petit sourire amusé. La gouaille de Justine l'amusait beaucoup. Dans son esprit, c'était typiquement « parisien ».

Lorsqu'elle s'était trouvée pour la première fois nez à nez avec l'amie de Géraldine, Liselotte avait été très troublée par l'étonnante ressemblance entre les deux jeunes femmes. Elle s'en était même ouverte, le soir, à sa compagne.

– Pas de problème, mon amour ! avait assuré Géraldine en serrant la Scandinave dans ses bras. Justine est tellement hétéro, que je serais toute prête à vous laisser dormir ensemble, t'as qu'à voir !

Géraldine emplit trois verres et tendit le sien à chacune des deux filles. Deux jours plus tôt était paru dans *Libération* le long article que Justine Sandillon avait écrit à propos de l'affaire qu'elle avait baptisée *Le Prédateur des blogs,* et qui avait eu un certain retentissement.

Comme c'était grâce à Géraldine et ses deux coéquipiers qu'elle avait pu le mener à bien, elle les avait invités tous les trois à dîner (plus Liselotte, bien sûr) afin de « fêter ça ». Le rendez-vous était chez Géraldine, rue de Charonne.

Cela faisait une semaine que le dénouement tragique avait eu lieu, dans le grand château délabré de la vallée de Chevreuse. Depuis, Arnaud Blossière se trouvait dans un institut psychiatrique de la banlieue ouest : il était impossible de tirer de lui le moindre propos cohérent.

– Tu as des nouvelles de cette pauvre Emmanuelle Le Grais ? demanda Géraldine.

– Je suis passée la voir chez elle, hier, répondit Justine : elle va beaucoup mieux. C'est une fille solide et saine, sous ses apparences fragiles. Je crois qu'elle se remettra très vite et très bien. Enfin, j'espère…

Finalement, d'après ce que Géraldine en savait, celui qui semblait le plus traumatisé de l'affaire, c'était Guillaume Tourain. Tout cela l'avait tellement secoué que la première chose qu'il avait faite, en sortant de sa garde à vue et en rentrant chez lui, ç'avait été de supprimer son blog.

– Jean-François est bien rentré à Bordeaux, au fait ? Je suppose que tu ne vas pas tarder à le rejoindre…

Justine Sandillon eut l'air un peu gênée de la question de son amie, et elle laissa passer quelques secondes avant de répondre, d'une voix un peu hésitante :

– Oui, oui… sans doute… plus tard… *Libé* me demande d'écrire d'autres trucs pour eux… Je pense que je vais accepter. Tu sais, la presse de province, on en a vite fait le tour. C'est ici que ça se joue…

Géraldine dévisagea son amie, l'air très sérieux, et même vaguement soupçonneux :

— Tu es en train de me dire que vous allez une fois de plus vous séparer, ou je rêve ?

— Séparer, non, mais… Disons que ça nous fera du bien de prendre un peu de recul… de se voir moins souvent…

Géraldine n'insista pas. Elle était un peu triste de voir se défaire ce couple qu'elle aimait bien. Mais, d'un autre côté, la perspective que Justine reste à Paris n'était pas pour lui déplaire…

Deux coups furent frappés à la porte.

– Entrez, les hommes, c'est ouvert !

Effectivement, Boris Corentin et Aimé Brichot firent irruption dans la pièce principale, le premier avec une bouteille de vin enveloppée dans un papier fin et translucide, le second avec un gros bouquet de glaïeuls.

– Ah ! je vois que vous n'avez même pas été capables de nous attendre avant de vous mettre à picoler ! railla gentiment Boris, en désignant les verres et le chablis entamé.

– Ben… tu sais comment c'est, Grand chef… fit Géraldine, après avoir pris le bouquet des mains d'Aimé et lui avoir plaqué deux baisers sonores sur les joues.

Après avoir embrassé Liselotte, Corentin se tourna vers Justine Sandillon :

– Félicitations pour votre article, Justine, il était vraiment très bon. S'il n'y avait que des journalistes comme vous, ce serait un plaisir pour nous autres !

– Aïe ! si la police est contente de mon travail, ça veut dire que je ne l'ai pas fait correctement, plaisanta Justine, tout en rosissant de plaisir.

Elle but une gorgée de vin, puis ajouta :

– Au fait, je vous ai pas dit mon projet immédiat ? Je vais m'ouvrir un blog !

– Sans déconner ? fit Géraldine. C'est génial, on va pouvoir papoter comme des pétasses sur internet !

– Faites tout de même attention aux hommes qui vous feront la cour, glissa Boris Corentin. Et, surtout, si l'un d'eux vous donne un rendez-vous rue Watt, n'y allez pas !

Justine leva les yeux vers lui, et c'est très

sérieusement qu'elle répondit :

– Si un blogueur me donne rendez-vous rue Watt, j'y vais et, avant qu'il ait eu le temps d'ouvrir la bouche, je lui remonte les couilles jusque dans les narines !

– Quelle classe ! Quel raffinement ! Quelle élégance ! soupira Aimé Brichot, tandis que Géraldine Hébert éclatait de rire.

SÉRIE CULTE

SÉRIE KILLER

PRIX TTC : 5,80 €

Achevé d'imprimer sur les presses de

BUSSIÈRE

GROUPE CPI

à Saint-Amand-Montrond (Cher)
en août 2007

VAUVENARGUES - 14, rue Léonce Reynaud - 75116 Paris
Tél. : 01-40-70-95-57

— N° d'imp. 71496. —
Dépôt légal : septembre 2007.

Imprimé en France